SPORT
VERLAG
BERLIN

Karin Sturm
Carsten Bruder

Zwischen Strand und Stadion

Das Fußballwunder Brasilien

Sportverlag Berlin

Lektorat: Michael Horn
Fotos: Archiv Gazeta Esportiva, São Paulo
Zusatzfotos: Bongarts Sportfotografie (1),
dpa-Bilderdienste (1)
Pressebild-Agentur Schirner (3)
Redaktionsschluß: 15. März 1998
Satz und Repro: LVD GmbH, Berlin
Druck und Bindung: Clausen & Bosse, Leck
Printed in Germany 1998
ISBN 3-328-00785-7

Gedruckt auf alterungsbeständigem Papier mit chlorfrei gebleichtem Zellstoff

Die Deutsche Bibliothek - CIP-Einheitsaufnahme
Bruder, Carsten:
Zwischen Strand und Stadion: das Fußballwunder Brasilien/
Karin Sturm; Carsten Bruder. - Berlin: Sportverl., 1998
ISBN 3-328-00785-7

Inhalt

Vorwort

Brasilien wird vor allen anderen Dingen in aller Welt zunächst mit dem Fußball in Verbindung gebracht. Viele wissen allerdings nicht, daß dieser Sport im Jahre 1894 von dem Engländer Charles Miller in unser Land gebracht wurde.

Seit 1930 nahm Brasilien an allen Weltmeisterschaften teil, und der Fußball hatte deshalb auch wichtigen Anteil an der kulturellen und sportlichen Entwicklung des Landes. Praktisch jede Generation der brasilianischen Fußballer brachte einen Superstar hervor, viele von ihnen wurden zum Mythos.

Die Geschichte unseres Fußballs ist Grundlage des Buches »Zwischen Strand und Stadion«. In ihm werden zum ersten Mal die verschiedenen Entwicklungsstufen des Fußballs im Land des Weltmeisters dargestellt.

Der Weg vom Amateur- zum Profisport, Niederlagen und Siege, Freude und Trauer – das Buch behandelt den Fußball als ein Phänomen der brasilianischen Kultur, vergißt dabei aber nicht, auf die Schattenseiten des beliebtesten Sports in meinem Heimatland einzugehen.

Ich selbst habe während meiner Karriere als Fußballer und Mensch beide Seiten kennengelernt. Deshalb kann ich mit Sicherheit behaupten, daß der Fußball mein Leben entscheidend geprägt hat.

Die vorliegende Arbeit der Journalisten Karin Sturm und Carsten Bruder ist ganz sicher eine wichtige Orientierung für die deutschen Fußballfans, die ja den Fußball fast in gleichem Maße lieben wie die Menschen in Brasilien. Und vielleicht hilft es dabei, unsere Leidenschaften zu verstehen, wenn es um den Fußball geht.

Edson Arantes do Nascimento »Pelé«
Minister für Sport in Brasilien
Weltmeister 1958, 1962, 1970
92facher Nationalspieler

Fußball – mehr als nur ein Sport

Freitag nachmittag in einer Kleinstadt in der Nähe von São Paulo. Dort, wo sonst lediglich das Läuten der Kirchenglocken die Alltagsruhe stört, sorgt ein Besuch für reichlich Aufruhr. Aus dem Ausland kommt er und spricht ein gebrochenes Englisch mit einem starken deutschen Akzent. Doch obwohl niemand so recht seine Worte versteht, wissen die Menschen genau, was dieser »Gringo« will. Er ist geschäftlich im Land und will dessen kostbarste Güter nach Europa holen. Keinen Zucker, keine Orangen oder Kaffee. Der Mann ist auf der Suche nach jungen Fußballern, die irgendwann einmal große Stars werden und viel Geld einbringen sollen.

Die Ankunft des Fremden hat sich schon seit Wochen herumgesprochen, auch in den Nachbarorten. Und als das Sichtungstraining auf dem städtischen Sportplatz beginnen soll, warten bereits Hunderte von Jugendlichen auf ihre Chance. Abgefertigt wie junges Vieh, werden die 17- bis 19jährigen Fußballer aufgerufen. Vorspielen vor dem weißen Mann, der Ruhm und Reichtum versprochen hat. Einige der Profi-Anwärter sind mit ihren Vätern gekommen. Deren Erwartung ist groß. Eine Reise nach Europa und ein Vertrag bei einem renommierten Verein könnte das Ende aller Nöte bedeuten, könnte viele Familien aus der Armut befreien.

Der Auftritt der einzelnen Spieler dauert nicht lang, jeder soll eine Chance bekommen, auch wenn es nur fünf Minuten sind. So will es der Fremde. Nach zwei Stunden ist alles vorbei. Gespannt starren die Spieler den »Gringo« an. Der deutet auf drei Kandidaten, notiert Anschrift und Telefon; in der kommenden Woche, so sagt er, werde er sich melden, eine Reise nach Brüssel stehe an. Während die Ausgewählten sich dermaßen freuen, als hätten sie einen Sechser im Lotto erzielt, macht sich die große Masse enttäuscht und verbittert auf den Heimweg. Einige Spieler weinen hemmungslos, suchen Trost bei ihren Vätern. Verzweiflung macht sich breit ob der verpaßten Chance, der Misere zu entkommen. In vier Wochen, sagte der Fremde noch, werde er zurückkehren. Jeder werde dann eine neue Chance erhalten. Wieder werden dann Hunderte von Jugendlichen kommen, und wieder werden nur zwei oder drei von ihnen die Glücklichen sein.

Fußball, die nationale Leidenschaft der Brasilianer, hat auch oder vor allem mit Leiden zu tun. Und die Leidensfähigkeit der Bevölkerung, die in fünf Jahrhunderten trotz aller Nöte, trotz aller sozialer Ungerechtigkeiten, die dieses Land durchmachen mußte, keine blutige Revolution angezettelt hat, scheint keine Grenzen zu kennen. Der Nationalsport ist das beste Beispiel dafür. Trotz Korruption, Intrigen, einer fehlenden Struktur gelang es den Brasilianern, viermal den Titel eines Weltmeisters zu erringen, so häufig wie kein anderes Land auf dieser Erde. Und kein anderes Land dürfte über ein derart hohes Talent-Potential verfügen wie die Brasilianer. Trotzdem verlieren sich die meisten Jugendkicker im Nichts und finden nicht den Weg aus der Armut. »Unsere Möglichkeiten werden hemmungslos vergeudet«, sagt Alexandre Martins, der sich heute mit seinem Partner Reinaldo Pitta unter anderem um die Geschäfte von Superstar Ronaldo kümmert. Und es gibt Zahlen, die diese These untermauern: So spielen in den »Peneiras«, den Talentsichtungen der Vereine, zum Beispiel beim FC São Paulo, allein 20 000 Jugendliche pro Jahr vor. Die »Peneiras« finden praktisch in allen Regionen des riesigen Landes statt. Höchstens 80 bis 100 Spieler nimmt der FC São Paulo jedoch in seine Jugendmannschaften auf, und von denen schaffen wiederum höchstens zwei bis drei Spieler pro Jahr den Sprung in den Profikader. Und noch seltener erwächst aus denen ein Stammspieler.

Der FC São Paulo, 1992 und 1993 Weltpokalsieger, hatte Glück: Die Ernte in den vergangenen Jahren war prächtig, mit den Stürmern Denilson und Dodô, dem Verteidiger Bordon und Torhüter Rogério besitzt São Paulo mittlerweile vier Nationalspieler, die in den vergangenen drei Jahren aus den eigenen Reihen des Clubs hervorgegangen waren. Investitionen, die sich bereits jetzt bezahlt gemacht haben. Nach der WM 98 wird Denilson zu Betis Sevilla wechseln, das 26 Millionen Dollar für den Dribbelkünstler hingelegt hat. Hinter Dodô sind bereits ganze Hundertschaften von Spähern her, die sich ein ähnliches Geschäft versprechen.

Andere Vereine haben vergleichsweise weniger Glück, setzen aber auf das gleiche Pferd. Vor allem aus dem strukturschwachen Nordosten des Landes werden Nachwuchsspieler fast zum Nulltarif in die Metropolen gebracht. Dort werden sie untergebracht und verpflegt. Nur wenige Vereine, wie der FC São Paulo, bieten den Jugendlichen auch einen täglichen Schulunterricht. Der wäre oft bitter notwendig, denn die meisten der jungen Fußballer, vor allem jene, die aus den unterentwickelten Regionen zu den Vereinen kommen, haben im Schnitt gerade mal vier bis fünf Jahre die Schule besucht und deshalb kaum eine Chance, ihr eigenes Schicksal zu beeinflussen. Gerade diese Spieler sind es aber, die häufig in die Fänge von sogenannten »Beratern« gelangen, die sich von den ahnungslosen Jugendlichen Generalvollmachten unterschreiben lassen, um anschließend, wie sie vorgeben, deren Interessen zu vertreten. Oft handelt es sich um Zeitgenossen aus der Nachbarschaft, die einen schnellen Profit wittern und für die Spieler so etwas wie einen Ersatzvater bedeuten, eine Vertrauensperson, zu der sie ihre alltäglichen Probleme tragen können. Auch Pelé, das Idol von Millionen von Fußballern, mußte eine solche Erfahrung machen. Als er als 17jähriger nach Santos kam, nahm sich der Besitzer einer Pension, genannt »Pepe Gordo«, seiner an. Der vermeintliche Vertrauensmann sollte sich Jahre später, als Pelé auf dem Höhepunkt seiner Karriere war, zum Alptraum des heutigen Sportministers entwickeln, hatte er sich doch Vollmachten geben lassen, die Pelé um ein Haar wirtschaftlich den Kopf gekostet hätten.

Für viele Jugendliche, die von einer Profi-Karriere träumen, kommt es freilich meist gar nicht soweit. Zu begrenzt sind die

Möglichkeiten in den Vereinen. Es gibt kaum genügend Plätze, die Spieler aufzunehmen. Um diesem Dilemma zu entkommen, haben sich in Brasilien in den vergangenen Jahren zwei neue Alternativen entwickelt, die den Weg aus der Misere ebnen sollen. Da sind zum einen private Fußballschulen, die sogenannten »Escolinhas«, die vorwiegend von ehemaligen Profis betrieben werden und die zum Teil eng mit den Klubs zusammenarbeiten, um deren Kapazitätenmangel aufzufangen. In diese Schulen kommen jedoch überwiegend Kinder und Jugendliche aus der Mittelschicht aufwärts. Manche »Escolinhas« vergeben Stipendien an bedürftige Nachwuchskicker, doch das ist eher die Ausnahme. Der großen Masse bleiben diese privaten Talentschmieden verschlossen. So blieb es den Kommunen vorbehalten, eigene Projekte mit öffentlichen Mitteln oder in Zusammenarbeit mit privaten Sponsoren zu realisieren. In Feira de Santana, im Bundesstaat Bahia im Nordosten Brasiliens, wurde auf Initiative von Sportminister Pelé eine öffentliche Fußballschule für 5000 Kinder und Jugendliche eingerichtet. Viele von ihnen sind Straßenkinder, ihr Eintritt in eine privat betriebene »Escolinha« wäre unmöglich. Der karitative Charakter dieser Projekte hat auch einen konkreten politischen Hintergrund: Die rasante Entwicklung der Jugendkriminalität in den vergangenen Jahren zwang die Politiker Brasiliens zu raschen Maßnahmen. Besonders in Ballungsräumen wie São Paulo oder Rio de Janeiro hatte die Gewalt unter den Jugendlichen Ausmaße angenommen, die weltweit für Aufsehen sorgten. Wie inzwischen die Kriminalitätsstatistiken belegen, ist vor allem in jenen Regionen die Jugendkriminalität drastisch zurückgegangen, in denen es Fußballschulen und damit eine Perspektive für junge Menschen gibt. In der Mangueira, in einem der zahlreichen Armenviertel, der »Favelas« Rio de Janeiros, wurde der erste Olympiastützpunkt der Stadt eingerichtet. Nach nur kurzer Zeit konnte Schirmherr Pelé stolz verkünden, daß die zuvor hohe Kriminalitätsrate fast auf den Nullpunkt zurückgegangen war. Fußball als Friedensstifter.

In Rio de Janeiro ist die Leidenschaft aber nicht nur auf den Fußballplätzen, sondern natürlich auch an den weltberühmten

Stränden zu Hause. Viele der Stars, wie Junior oder Zico, begannen ihre Karriere an der Copacabana. Noch heute gilt Junior als einer der weltbesten Strandfußballer. Doch die Zeiten, in denen Straßenkinder sich einen Ball schnappten und sich stundenlang an den Stränden austobten, diese Zeit ist längst vorbei. Von großer Polizeipräsenz beherrscht, meiden die Straßenkinder die ehemaligen Spielreviere. Nur in der Abenddämmerung vielleicht, wenn die meisten Touristen die Strände verlassen haben, wagen sich einige von ihnen auf die Sand-Spielfläche. Aber auch nur dort, wo nicht bereits Vereine ihre markierten Spielfelder untergebracht haben. Auch der Strandfußball, einst das Symbol für Improvisieren und Spaß, ist mittlerweile zu einer ernsten Angelegenheit geworden, derer sich Funktionäre und Offizielle angenommen haben. Eine Traumwelt der Kinder, die in die Hände von Erwachsenen gefallen ist, denen vorrangig wirtschaftliche Interessen am Herzen liegen. Und so bleibt auch am Strand der Zutritt zu einer »Escolinha« oder zu einem Verein das Privileg von wenigen.

Ein anderer Weg, der in den Großstädten bis in die sechziger Jahre hinein eine Alternative zum Vereinsfußball bedeutete, ist ebenfalls fast völlig verschwunden: der Fußball auf den freien Plätzen, der »varzea«. Ihn gibt es heute so gut wie gar nicht mehr. Die großen Flächen an den Stadträndern sind längst bebaut, lediglich einige Bolzplätze bieten noch Platz für jene Nachwuchskicker, die keinem Verein angehören. Die unzähligen Spielwiesen, wo einst Pelé, Garrincha und Co. ihre ersten Gehversuche wagten, sie sind weg. Statt dessen wuchs seit dem Verschwinden dieser Plätze eine neue Variante des Fußballs in Brasilien heran: ein Kleinfeld-Fußball, der mit einem kleineren und härteren Ball auf einem überdachten Betonboden gespielt wird. »Futsal« heißt dieser Sport in Brasilien, das diese Disziplin auch seit Jahren weltweit dominiert. Stars wie Rivelino, Ronaldo oder Giovane Elber begannen hier ihre Karriere.

Doch selbst der Eintritt in einen Verein, sogar der erste Vertrag, bedeutet für die meisten Spieler noch lange nicht den Schlüssel zum großen Geld. Denn das Profidasein in Brasilien hat wenig mit den Träumen zu tun, die von Ruhm und Reichtum handeln. Mehr als zwei Drittel der registrierten Profi-Fußballer verdienen zwischen einem und zwei Mindestlöhnen, umgerechnet zwischen 120 und 240 US-Dollar. Weniger als ein Prozent der Fußballer Brasiliens kann monatlich mehr als 15 000 US-Dollar einstecken. Ein Gehaltsgefüge, das dem der brasilianischen Bevölkerung entspricht: Während eine verschwindende Minderheit über unglaubliche Reichtümer verfügt, vegetiert die große Mehrheit unterhalb der Armutsgrenze und hat nie eine Chance auf angemessene medizinische Betreuung, eine fundierte Schulausbildung oder eine würdige Unterkunft.

Um dennoch den Traum vom großen Geld zu realisieren, bleibt nur der Weg ins Ausland. Und auch dort führt der Weg oft in eine Sackgasse. Eine völlig überhöhte Selbsteinschätzung, falsche Vorstellungen von den Verhältnissen im neuen Umfeld und den damit verbundenen Anpassungsschwierigkeiten, die bereits mit den mangelnden Sprachkenntnissen beginnen, all dies läßt die Seifenblase vom »Schlaraffenland Europa« schnell zerplatzen. So wie das Schicksal unzähliger Spieler aus dem Bundesstaat Maranão im Nordosten Brasiliens: Dort hatte ein einheimischer Spielervermittler auf Anhieb Glück, als er Stürmer Oliveira zum RSC Anderlecht brachte. Oliveira wurde zum Star, sogar als Nationalspieler eingebürgert und spielt heute als Multimillionär in Italien. Überzeugt vom »Auge« des Entdeckers, bestellten die Belgier weitere Spieler nach, doch die meisten von ihnen erfüllten nicht die Anforderungen und fielen durch. Den Weg nach Hause verbaut, blieben viele von ihnen illegal im Land und schlugen sich mit Hilfsarbeiten durch, um schließlich das Flugticket für die Rückkehr nach Brasilien zahlen zu können.

Die Spieler, die es im Ausland nicht schaffen, erwartet nicht nur wirtschaftlich eine wenig rosige Zukunft in der Heimat. Die meisten Vereine sind verschuldet, über eine professionelle Struktur verfügt lediglich eine Handvoll Clubs. Hinzu kommt, daß der brasilianische Fußball im Terminchaos erstickt. Bis zu 100 Pflichtspiele müssen die Spitzenmannschaften des Landes pro Jahr absolvieren, und zum Teil kommt es zu derart absurden Situationen, daß Spiele zweier verschiedener Wettbewerbe von ein und derselben Mannschaft auf den gleichen Tag gelegt werden. In den unteren Ligen ein anderes Dilemma: Da in Brasilien die Saison in zwei Hälften aufgeteilt ist – sechs Monate regionale und sechs Monate nationale Meisterschaft –, planen die meisten Vereine meist im Semester-Rhythmus. Verträge werden häufig für einen Zeitraum zwischen vier und sechs Monaten abgeschlossen. Dem Spieler bleibt meist eine ungewisse Zukunft, vor allem deshalb, weil er – auch nach Ende des laufenden Vertrages – von der Gunst seines Vereins abhängt, die Freigabe für seinen neuen Arbeitgeber zu erhalten. Bekommt er diese Freigabe nicht, so war es bisher, mußte er bei seinem alten Arbeitgeber bleiben, auch gegen seinen Willen.

Mit Beginn der Ära des Bosman-Urteils veränderten sich auch die Vorzeichen in Brasilien. Der Amtsantritt von Sportminister Pelé und das internationale sportpolitische Klima ließen keinen Raum mehr für Verhältnisse, die an Sklaverei erinnerten. Seit 1995 kämpft Pelé für ein neues Sportgesetz, das in diesem Jahr verabschiedet wurde. Das Gesetz trägt seinen Namen und soll dem Spieler, sobald sein Vertrag ausläuft, den ablösefreien Wechsel ermöglichen. Die Vereine, so will es das Gesetz weiter, sollen mittelfristig in Firmen umgewandelt und notfalls mit hohen Strafen dazu gedrängt werden, ihren sozialen Verpflichtungen, wie der Zahlung von Steuern und Sozialversicherungsbeiträgen, nachzukommen. Doch trotz der Verabschiedung des Gesetzes zweifeln nicht wenige in Brasilien an einer erfolgreichen Umsetzung. Zu schwach hatte sich die Justiz in der Vergangenheit gezeigt, als es darum ging, Entscheidungen zugunsten der Fußballer auch durchzusetzen.

Ein Beispiel ist der Fall des Spielers Dener. Der technisch starke Stürmer galt Ende der achtziger Jahre als eines der größten Talente des brasilianischen Fußballs. Pelé sah damals in ihm sogar einen potentiellen Nachfolger. 1994 endete jedoch die Karriere Deners mit einem tragischen Autounfall. Seine Familie – Dener hinterließ Frau und drei Kinder – hatte laut Vertrag Deners und Rechtsprechung der brasilianischen Gerichte Anspruch auf eine millionenschwere Versicherungssumme. Bis heute wartet die Familie vergeblich auf das Geld und befindet sich in großen finanziellen Schwierigkeiten.

Ein Lichtblick scheinen die Spielergewerkschaften zu sein, die seit einigen Jahren deutlich an Gewicht gewonnen haben. In São Paulo und in Rio de Janeiro stapeln sich mittlerweile die Akten, die von den Anwälten der Gewerkschaft bearbeitet werden. Zum Unwillen der Vereine konnte die Gewerkschaft im vergangenen Jahr einige Erfolge erzielen. Vor allem in den Fällen, wo es um die Freigabe von Spielern und die Nachzahlung von Sozialversicherungsabgaben ging. »Wir sind mittlerweile ein unangenehmer Kontrahent geworden«, sagt José Martorelli, Chef der Spielergewerkschaft São Paulos. Anfangs habe sich das Büro der Gewerkschaft noch im gleichen Gebäude des Regionalverbandes befunden. Diese Zeiten sind längst vorbei. Das Verhältnis zwischen Gewerkschaft und Verband ist alles andere als gutnachbarschaftlich.

Ungeachtet dieser Umstände ist der Fußball nach wie vor die große Leidenschaft der Brasilianer. Er ist die Droge, die sie für ihren Alltag brauchen. Und er ist klassenlos. Jeder spricht über Fußball. Und jeder lebt Fußball in Brasilien. Fußball und Sport allgemein sind Ersatzgötter, die die Flucht aus der wenig rosigen Wirklichkeit möglich machen.

Zum ersten Mal sichtbar wurde diese schier grenzenlose Leidenschaft, das Ausleben der Emotionen, beim Endspiel um die Weltmeisterschaft 1950. Gastgeber Brasilien hatte zum ersten Mal international auf sich aufmerksam gemacht, eine erste Anerkennung für seine sportlichen Leistungen erringen können. Das entscheidende Final-Gruppenspiel gegen Uruguay, das 20 Jahre zuvor bereits Weltmeister geworden war, sollte der Beginn eines großen Festes werden, das sich über das ganze Land verbreiten und Tage dauern sollte. Die dramatische Niederlage gegen den Erzrivalen brach Emotionen auf, wie man sie bis zu diesem Zeitpunkt noch nie gesehen hatte. Augenzeugen berichteten von einem Klima eines Staatsbegräbnisses.

Ähnliches wiederholte sich bei der WM 1982, als Brasilien erneut zum Favoriten avancierte, jedoch im Viertelfinale an den Italienern scheiterte. Die nationale Betroffenheit wurde höchstens noch 1994 übertroffen, als der dreifache Formel-1-Weltmeister und absolute Nationalheld Ayrton Senna beim Großen Preis von San Marino in Imola tödlich verunglückte.

»Eine Niederlage im Fußball, das ist für Brasilianer so etwas wie ein Tod«, sagte einmal der Schriftsteller und Sportchronist Nelson Rodrigues. Die größte Tragödie, die um die 200 000 Menschen im Maracanã-Stadion miterlebten, ist bis heute in den Köpfen der Brasilianer geblieben. Diejenigen, die damals Augenzeugen waren, mögen bis heute nicht akzeptieren, was sich damals zugetragen hat. Und wie in Lateinamerika und besonders in Brasilien üblich, wurde die Metaphysik bemüht, um sich das Unerklärliche zu erklären. So soll ein defekter Omnibus, der die Mannschaft zum Stadion bringen sollte, der Beginn allen Unheils gewesen sein. Zwar wurde ein Ersatzbus auf halber Strecke eingesetzt, der die Mannschaft dann noch rechtzeitig zum Stadion brachte, doch für viele stand fest, daß das Glück von diesem Zeitpunkt an nicht mehr auf der Seite der Brasilianer war.

Andere wiederum glauben, daß nicht etwa das Verhältnis zwischen Aberglauben und Fußball, sondern vielmehr der ebenfalls in Brasilien traditionelle Einfluß der Politik für die Tragödie von Maracanã verantwortlich war. 1950 standen die Wahlen zum Staatspräsidenten an, und jeder der drei Kandidaten wollte den Ausgang der Weltmeisterschaft im eigenen Land zu seinen Gunsten nutzen. Die überzeugenden Vorstellungen der Brasilianer vor dem Endspiel ließen die politischen Kräfte nicht mehr am Gewinn des Titels zweifeln. Und so häuften sich vor den Tagen der entscheidenden Begegnung die Feste und Empfänge im brasilianischen Trainingslager, der Gouverneur von Rio de Janeiro überreichte sogar bereits vor dem Finale seine Glückwünsche an »den neuen Weltmeister Brasilien«. Eine Euphorie-Welle, der sich auch die Medien anschlossen. Am Finaltag wurden die Gastgeber bereits mit Schlagzeilen wie »Sieg Brasiliens« gefeiert. Eine Euphorie, die den vermeintlich schwächeren Gegner Uruguay neu motivieren und einen unglaublichen Druck auf die eigene Mannschaft legen sollte. »Alle sprachen nur von der großen Feier. Das war ein gravierender Fehler und hat uns letztendlich das Genick gebrochen«, glaubt Torhüter Barbosa, dem in Brasilien bis heute die Schuld an jenem entscheidenden zweiten Treffer Uruguays angelastet wird.

Die Niederlage gegen Uruguay machte aber auch ein weiteres Phänomen sichtbar: Alles andere als der Gewinn eines Titels wurde in Brasilien als Niederlage angesehen und deshalb als wertlos eingeschätzt. Zwischen den beiden Extremen der Emotionen, dem ungezügelten Jubel auf der einen und der tiefen Trauer auf der anderen Seite, gibt es keine Grauzone.

War das Endspiel 1950 mit der größten Trauerfeier des Sports in Brasilien verbunden – Maracanã sei als Tempel des Fußballs gebaut und nach dem Spiel gegen Uruguay in ein Leichenschauhaus verwandelt worden –, so gilt der Gewinn des Weltmeistertitels 1970 in Mexiko als Beginn der größten Siegesfeier, die das Land jemals gesehen hat. »Der Karneval begann noch auf dem Spielfeld. Brasilianer und Mexikaner Arm in Arm«, erinnert sich Tostão, der zum Dream Team gehörte und gemeinsam mit Pelé die Fäden im Angriff zog. Noch wochenlang stand Brasilien anschließend still. Karneval, der eigentlich im Februar gefeiert wird, erlebte eine Sonderausgabe. Hatte das WM-Finale von 1950 den Politikern von damals noch große Schwierigkeiten bereitet und deren Wahlkämpfe zum Teil schwer belastet, so nutzten 1970 die neuen Machthaber den Triumph von Mexiko für ihre Propaganda. Es war die hohe Zeit der Militär-Diktatur, die Zeit der politischen Verfolgung und Folter, Brasilien befand sich mitten in einem Bürgerkrieg. Staatspräsident Medici hatte die Parole ausgegeben »Liebe oder verlasse Brasilien!« Die große Mehrheit der Bevölkerung, die gegen die Militärs war, erwartete von der Nationalmannschaft ein Zeichen des Protestes. Der Protest blieb aus. Alle Spieler nahmen ihre Ehrenmedaillen von Staatspräsident Medici entgegen. Ein Umstand, der ihnen bis heute vorgehalten wird. »Ich hätte die Medaille verweigern sollen, hätte ein Zeichen setzen können gegen das, was ich so sehr verabscheute. Ich hatte aber nicht den Mut«, gesteht Tostão heute ein.

Tostão ist es auch, der die Verbindung zwischen Fußball und

Emotion auf eine eigene Weise interpretiert: »Als ich meine Karriere beendet hatte, wollte ich etwas Neues erreichen, etwas Bedeutenderes, kulturell Anspruchsvolleres als Fußballer. Ich wollte Arzt werden. Fußball war für mich immer etwas Schlichtes, in erster Linie physisch orientiert. Wie ich mich doch geirrt hatte. Sport allgemein und Fußball im speziellen ist eine höchst kreative menschliche Aktivität. Und sie ist reich an Emotionen. Es ist der Körper, von dem die ersten Kontakte mit den Gefühlen ausgehen. Der Körper ›spricht‹ zuerst, ist der Schatten der Seele. Er besitzt kein Bewußtsein, rationalisiert nicht. Und weil er so real, so wahrhaftig und direkt ist, wird der Fußball von vielen so geliebt.«

Die brasilianische Kultur bietet reichlich Boden für diese Emotionen. Beeinflußt von den Traditionen der Indío-Stämme und im Nordosten durch die afrikanischen Einwanderer, spielt die Körpersprache eine viel wichtigere Rolle als vergleichsweise in Europa oder Nordamerika. »Was soll ein Mund allein schon aussagen können«, fragte einst der Soziologe Gilberto Freire.

Gestenreich und verbunden mit starken Gefühlsausbrüchen erleben die Akteure die neunzig Minuten auf dem Rasen. Und obwohl Brasilien der Ruf eines Macho-Landes vorauseilt und viele der Stars wegen ihres männlichen Auftretens verehrt werden, verstecken die vermeintlich »harten« Kicker ihre Gefühle nicht. Unvergessen das Weinen des 17jährigen Pelé in den Armen von Schlußmann Gilmar nach dem Gewinn des Weltmeistertitels 1958. Ungezählt die zahlreichen Kniefälle, mit denen Spieler den Schiedsrichter von einem Platzverweis abbringen wollten. Fast alltäglich auch die Spielunterbrechungen, bei denen Trainer, Betreuer, Auswechselspieler, ja gar Reporter das Spielfeld stürmen, um über umstrittene Szenen zu diskutieren.

Fußball ist in Brasilien auch eine große Theaterbühne, auf der sich große oder kleine Tragödien abspielen. Wie beim Theater spricht der Fußball die Sinne der Zuschauer an, läßt sie am Geschehen teilhaben. Die Medien bieten dazu den Rahmen, sind jederzeit hautnah dabei, was durchaus wörtlich zu verstehen ist. So haben Radioreporter keine Scheu, einem eben noch gefoulten und am Boden liegenden Spieler das Mikrophon ins

Gesicht zu halten und ihn nach seinem Befinden zu fragen. Nicht selten werden die Reporter auch selbst zu Akteuren. Wie bei einem Spiel des FC Santos, als ein Kommentator nahe der Außenlinie die Leistung eines Schiedsrichters kritisierte und sogar von Betrug sprach. Der Linienrichter, nur einige Meter vom Reporter entfernt, hörte den Kommentar mit und verständigte seinen Kollegen. Daraufhin ordnete der Unparteiische an, daß der Reporter vom Platz geführt werden sollte. Der weigerte sich, und so schritt die Polizei ein. All dies ging direkt über den Äther und wurde von dem empörten Medien-Mann kommentiert. Und selbst als er von zwei Polizisten vom Platz geführt wurde, unterbrach er seine Reportage nicht und sprach von einem Skandal, der sich an diesem Tag ereignet habe ...

Emotion und Fußball sind in Brasilien enger als anderswo verbunden. Im Jahr der Fußballweltmeisterschaft verschmilzt diese Verbindung noch intensiver. Das Chaos und alle Skandale des Liga-Fußballs sind dann vergessen, die Nationalmannschaft, die »Seleção«, Brasiliens Stolz, hat spätestens dann das Kommando übernommen. Und ein WM-Jahr ist in Brasilien traditionell auch immer das Jahr der Feste. Zunächst der Karneval, nach dem Fußball die zweitpopulärste kulturelle Institution des Landes, in der Jahresmitte die Weltmeisterschaft und schließlich im letzten Jahresdrittel die Wahl des neuen Staatspräsidenten. Angesichts dieser Fülle von Ereignissen läuft in den Betrieben, aber auch im Parlament nicht allzu viel. Die Firmenchefs wissen, daß sie zum Beispiel am Tag eines brasilianischen WM-Spiels nicht oder nur sehr begrenzt auf ihre Mitarbeiter bauen können. Verliert die »Seleção«, verspürt kaum jemand einen großen Drang zur Arbeit, gewinnt das Team, wird ausgiebig gefeiert, der Gang zur Arbeit erübrigt sich an diesem Tag.

Auch Brasilia, Hauptstadt des Landes und politisches Zentrum, gleicht in dieser Zeit – und dazu noch in einem Wahljahr – eher einer Geisterstadt. Wichtige politische Entscheidungen sind bereits einige Tage vor Karneval gefällt worden, im Wahl- und WM-Jahr wird anschließend nur noch über zweitrangige Themen in Brasilia gesprochen. Wahlkampf und

Fußball bestimmen das Szenario. Erst mit dem Amtsantritt des neuen Staatspräsidenten am 1. Januar des Nach-WM-Jahres geht Brasilien wieder zur politischen Tagesordnung über.

Die große Rivalität, die zum Teil zwischen den Anhängern der großen Vereine des Landes existiert, ist zu WM-Zeiten ebenfalls vergessen. In Belo Horizonte, wo sich die Fans von Cruzeiro und Atletico selten etwas Gutes wünschen, in Porto Alegre zwischen Inter und Gremio, in São Paulo, wo ein Sieg im Derby zwischen Palmeiras und Corinthians, dem Schalke – Dortmund Brasiliens, mehr wiegt als der Meistertitel, oder in Rio de Janeiro beim Duell zwischen Fluminenso und Flamengo, dem berühmten Fla – Flu ... In dem Moment, in dem die Nationalmannschaft das Spielfeld betritt, sind diese zum Teil abgrundtiefen Rivalitäten überwunden, das Herz schlägt höher und nur für eine Mannschaft. Ein Phänomen, das auch ein wenig die sozio-kulturelle Situation des Landes widerspiegelt. Gewachsen aus den vielfältigsten ethnischen Gruppen, verteilt auf eine enorme Fläche, hat Brasilien trotz aller unterschiedlichen kulturellen Färbungen seine Einheit bewahren können.

Wenn die Nationalmannschaft spielt, wird alles andere zur Nebensache. Gleichgültig, zu welcher Uhrzeit und an welchem Ort des Landes oder der Welt, sollte man sich gerade im Ausland aufhalten ... Auch Idole nehmen sich da nicht aus. Als Brasilien 1986 in Mexiko gegen die Franzosen um den Einzug ins Halbfinale spielte, waren nicht nur die Straßen Brasiliens leergefegt. Ayrton Senna, der an jenem Tag, einen Tag vor dem Großen Preis der USA in Detroit, nach seiner Pole-Position zur obligatorischen Pressekonferenz hätte erscheinen sollen, verzog sich wortlos auf sein Zimmer, um das dramatische Viertelfinale zu verfolgen. Für das mangelnde Verständnis der Weltpresse fehlte ihm dann wiederum jedes Verständnis ... Eine Antwort auf die sportliche Tragödie Brasiliens lieferte er einen Tag später, am 22. Juni, auf seine höchst eigene Art: Senna siegte in Detroit ausgerechnet vor zwei Franzosen, Jacques Laffite und Alain Prost, und drehte nach dem Überqueren der Ziellinie zum ersten Mal eine Ehrenrunde mit der brasilianischen Flagge in der Hand. Aufmunterung und Solidarität gleichermaßen ... Der Beweis der Solidarität, gerade bei Niederlagen, er gehört ebenso zur Charakteristik der Brasilianer wie deren nahezu unerreichbares Talent zum Feiern von rauschenden Festen.

Fester Bestandteil der »Fußballfeste« ist auch die Musik. Keine noch so unwichtige Partie, die nicht von einer Samba-Gruppe begleitet wird. Fußball ist Rhythmus, Fußball ist Samba in Brasilien. Doch die zahllosen Lieder, die die großen Komponisten dem Fußball gewidmet haben, sie sind nicht immer Ausdrücke reinster Freude. Im Gegenteil: Viele Stücke haben einen melancholischen Klang, drücken Trauer über Niederlagen, über enttäuschte Hoffnungen aus. Anders als die Hymnen der Vereine, die an Triumphmärsche erinnern und nur von Siegen, von Glanz und Erfolgen erzählen, handeln die berühmten Stücke der großen Liedermacher oft von jenen Menschen, die eine Tragödie erlebt haben oder die von unerträglichen Sehnsüchten geplagt werden, die sich nie erfüllen. So wie jene, die 1950 das Drama von Maracanã miterleben mußten und mit ihrer Trauer allein gelassen wurden, weil das Geschehene nie wieder rückgängig gemacht werden konnte.

Doch nicht nur die Musik, auch die Poesie wurde durch den Fußball animiert. Das bekannteste Beispiel dafür ist der Journalist und Schriftsteller Nelson Rodrigues, der schon zu Lebzeiten zu einer Legende wurde. Wie kein anderer verstand er es, den Fußball in poetische Verse zu fassen, vermeintlich triviale Umstände in andere Sphären zu führen, dem Kampf um den Ball eine majestätische Würde zu verleihen. Nelson Rodrigues, der in Rio de Janeiro bei einer Zeitung begann und sich nebenbei als Autor von Theaterstücken sein spärliches Monatssalär aufbesserte und anschließend zum meistgespielten Autor avancieren sollte, dieser Rodrigues beschäftigte sich vor allem mit den seelischen Abgründen der bürgerlichen Gesellschaft, ihren Sehnsüchten und perversen Leidenschaften, eingebunden in tiefverwurzelte Komplexe. Seine Werke, wie »Das Brautkleid«, brachten ihm deshalb nicht nur Ruhm, sondern, so auch der spätere Titel seiner Biographie, verfaßt von Erfolgsautor Ruy Castro, den Spitznamen »Der pornografische Engel« ein.

Nelson Rodrigues war es seinerseits, der berühmten Fußballern markante Spitznamen verpaßte. Er war es, der dem grazilen Mittelfeldspieler Didi, Weltmeister 1958 und 1962, den Spitznamen »Der äthiopische Prinz« wegen seiner afrikanischen Gesichtszüge verlieh oder Telê Santana in seiner Zeit als Rechtsaußen bei Fluminense den »Faden der Hoffnung« taufte. Telê, damals so dünn wie ein Bindfaden, brachte die Mannschaft immer dann auf die Erfolgsspur zurück, wenn alles verloren schien. Nach der WM 1962 nannte er Stürmer Amarildo, der in Chile den verletzten Pelé ersetzt hatte, den Besessenen, weil der auf dem Spielfeld unberechenbar war und seine Emotionen selten kontrollieren konnte. Und schließlich der große Nilton Santos, der legendäre Außenverteidiger Brasiliens, dem er den Spitznamen »Die Enzyklopädie« verlieh, weil selbst eine große Zahl von Worten nicht die Leistungen des großgewachsenen Offensiv-Verteidigers würdigen könnte …

Die Liste der Bereiche, auf die der Fußball in Brasilien Einfluß nimmt, sie ließe sich noch beliebig fortsetzen. Da er allgegenwärtig ist, läßt er sich fast nirgendwo ausgrenzen. Auch die katholische Kirche, die in Brasilien weltweit gesehen über die meisten Anhänger verfügt, duldet den »Ersatzgott Fußball«, duldet die totale Hingabe der Menschen an Weltliches. Sie hätte es angesichts der kulturellen Geschichte und der Sozialisierung der brasilianischen Gesellschaft auch schwer, dieser nationalen Leidenschaft Einhalt zu gebieten. Der Fußball gehört zu Brasilien wie die Luft zum Atmen. Und die Brasilianer sehen in diesem Spiel das Spiel der Götter. Jener Götter, die über das Schicksal von Sieg und Niederlage entscheiden, die darüber richten, auf welcher Seite die Gewinner und auf welcher Seite die Verlierer des Lebens stehen.

Die Anfänge

Wie so manches andere, das heute typisch brasilianisch ist, kam auch der Fußball von außerhalb nach Brasilien: Die ersten beiden Fußbälle wurden von Charles Miller aus England nach Brasilien gebracht – und kamen 1894 und 1895 zum ersten Mal zum Einsatz. Das erste offizielle Spiel, das in Brasilien je stattfand, bestritten die Arbeiter einer Gas- und einer Eisenbahngesellschaft. Die Eisenbahner, mit Charles Miller, gewannen mit 4 : 2. Miller war schottisch-englischer Abstammung, aber in São Paulo geboren, ehe er schon als Kind wieder nach England zurückkam. Dort entwickelte er sich zum besten Spieler seiner Schule, schoß in 25 Spielen 41 Tore und spielte später für Southampton und die Amateurmannschaft Corinthian – die dann in Brasilien Corinthians, einem der größten und bekanntesten Clubs São Paulos, ihren Namen geben sollte.

Bereits vor Millers »Ball-Import« hatte es ein paar inoffizielle Fußballspiele in Brasilien gegeben – aber völlig ohne brasilianische Beteiligung: Es waren europäische Seeleute, die sich so auf brasilianischem Boden die Zeit vertrieben, die aber anschließend die Bälle wieder mit nach Europa nahmen. Das erste dieser Spiele fand 1878 zwischen britischen Seeleuten vor dem Palast der Prinzessin Isabel in Rio de Janeiro statt.

1898 bekam die Sache dann auch wirklich brasilianische Farben: Der erste Fußballclub von Brasilianern für Brasilianer wurde gegründet: Mackenzie, eine College-Mannschaft in São Paulo. 1896 hatte ein Sportlehrer einen Basketball aus den USA mitgebracht, den die Spieler aber praktischerweise zu einem Fußball umfunktionieren konnten.

Ein Jahr später, 1899, schlug in São Paulo die Geburtsstunde des Vereins der deutschen Kolonie, Germânia, der sich als Vereinsfarben die hanseatischen wählte, die denen des HSV gleichen. Der Gründer, Hans Nobiling, scharte eine Gruppe von Freunden um sich, um ihnen die aus Deutschland mitgebrachten Fußball-Kenntnisse zu vermitteln. Im gleichen Jahr forderte Nobiling die Mannschaft von Mackenzie zur ersten offiziellen Partie zwischen Vereinen heraus. Ergebnis: ein mageres 0 : 0. In den ersten Jahren blieb Germânia stets Schlußlicht der Liga, trotz des Phänomens Hermann Friese, der als einer der größten Torjäger seiner Zeit galt. Erst im Jahr 1906 gab es den ersten Erfolg – den Titelgewinn in São Paulo. Nach Ende des Ersten Weltkrieges zog sich der Verein aus dem Liga-Fußball zurück, nach Ende des Zweiten wurde sein Name zwangsweise in Sport Club Pinheiros umbenannt.

1902 fand die erste Meisterschaft in São Paulo statt: Meister wurde ein Team von Engländern, die in São Paulo lebten, der São Paulo Athletic Club, dessen Fußball-Abteilung 1897 gegründet worden war. Mannschaftskapitän und Torjäger: Charles Miller, der im ersten Meisterschaftsjahr 1902 gleich zehn Tore in neun Spielen für sein Team erzielte. Miller spielte bis 1910 für die Mannschaft der englischen Kolonie, blieb später als Schiedsrichter und Fan dem Sport verbunden. Er starb 1953.

1905 wurde die Vormacht der Engländer im Vereinsfußball gebrochen. Der Club Athletico Paulistano, gegründet 1900 als Radsportverein, eröffnete im gleichen Jahr auch eine Abteilung für die Fußballer. Athletico errang in der Zeit des Amateur-Fußballs die meisten Titel: Das Team wurde elfmal Meister São Paulos – und hat auch eine Beziehung bis in die Gegenwart. Athletico ist der Vorgängerverein des zweifachen Weltpokalsiegers FC São Paulo.

In Rio de Janeiro führte Fußball zunächst ein Schattendasein, die Stadt wurde lange Zeit vom – englischen – Cricket dominiert. Oscar Cox organisierte 1901 die erste Fußballpartie und noch im gleichen Jahr auch die ersten Spiele zwischen Rio und São Paulo, die beide mit Unentschieden endeten, 1 : 1 und 2 : 2. Cox bat damals die Eisenbahngesellschaft um einen Rabatt, da es sich bei der Reise um eine Botschaft des Fußballs handele. Die Fahrkartenverkäufer blieben jedoch hart, auch die Fußballer mußten die vollen Reisepreise bezahlen. Ein Problem für Cox selbst, viel weniger für die Spieler aus Rio, die meist aus wohlhabenden Verhältnissen stammten. Nur zwei Vereine gaben in dieser Zeit in Rio dem Fußball eine Chance: Rio Cricket und Payssandu.

In den Folgejahren häuften sich die Vereinsgründungen. So kamen unter anderem 1902 Fluminense in Rio de Janeiro, 1903 Gremio in Porto Alegre, 1904 Botafogo in Rio de Janeiro hinzu.

1903 stellte sich der brasilianische Fußball zum ersten Mal einem internationalen Vergleich. In Bahia empfing eine lokale Auswahl eine englische. Das erste Spiel endete noch 0 : 0, in der Revanchebegegnung setzten sich dann die heimischen Bahianer mit 2 : 0 durch.

Im gleichen Jahr wurde in Rio beim Spiel Fluminense gegen Paulistano erstmals Eintritt verlangt. Offiziell zahlten 969 Zuschauer jeweils 2000 Réis, tatsächlich waren aber 2000 Zuschauer im Stadion. Bereits ein Teil der ersten Fußball-Einnahme in Brasilien floß also offensichtlich in eine »schwarze Kasse«.

1905 wurde der Verband in Rio gegründet, 1906 fand dann die erste Meisterschaft an der Copacabana statt, und es gab auch den ersten offiziellen Vergleich zwischen Rio und São Paulo, den die Paulistanos mit 2 : 1 gewannen.

1906 mußte der brasilianische Fußball seinen ersten Rückschlag einstecken. Vor allem Technik war damals für die heimischen Fußballer noch ein Fremdwort, und sie mußten erkennen, daß sie ohne diese Technik international auf verlorenem Posten standen: Eine Auswahl São Paulos, die als bestes Team Brasiliens galt, kassierte gegen eine Mannschaft Südafrikas eine vernichtende 0 : 6-Schlappe.

Der Fußball in jenen ersten Jahren war, im krassen Gegensatz zum brasilianischen Fußball von heute, ein reiner Sport der Reichen, ein Amateursport, in dem letztlich englische Sitten herrschten, Fairplay großgeschrieben wurde. Die »feinen Leute« wollten unter sich bleiben. So waren in vielen Vereinen keine farbigen Spieler zugelassen – auch nicht bei Fluminense in Rio. Als dort eines Tages ein Mulatte zur Mannschaft stieß, versuchte er es, um nicht aufzufallen, mit einem Trick: Er rieb sich vor dem Spiel mit Reisstaub ein und lief anschließend »ergraut« aufs Spielfeld. Die Zuschauer im Stadion erkannten den Spuk und riefen jenen Namen, den Fluminense seither als Spitznamen trägt: »pó-de-arroz« (Reisstaub). Andere Vereine, wie Bangu, die zunächst nur Engländer in führenden Positionen zuließen, nahmen bald auch Arbeiter auf, um ihre Teams zu verstärken. So verlor der Fußball dann zumindest an einigen Stellen doch bald den Mythos des Sports der Reichen ... Die offizielle Pflicht zur Zulassung farbiger Spieler ließ allerdings noch einige Jahre auf sich warten. Sie erfolgte erst im Jahr 1918, und auch da nur auf den inzwischen massiv gewordenen Druck der Presse hin. Trotzdem forderte selbst noch drei Jahre später, 1921, Staatspräsident Pessoa den Verband auf, keine farbigen Spieler für die Copa América 1922 einzuladen. Die Öffentlichkeit duldete eine solche rassistische Denkweise zu dieser Zeit allerdings nicht mehr.

1909 kann jedenfalls bereits als Beginn des Zeitalters des Massensports Fußball gelten: »Futebol de várzea«, Fußball auf Bolzplätzen, wurde zur Mode, da auch Spieler aus den unteren Schichten dort problemlos die Chance hatten, in einem Team zu spielen. Im gleichen Jahr wurde in São Paulo auch die erste Meisterschaft in dieser Disziplin ausgetragen.

Allerdings gab es immer noch weitere Niederlagen-Serien gegen ausländische Gäste, vor allem gegen Briten: unter anderem auch gegen Corinthian London, das Athletic São Paulo von Charles Miller mit 8 : 2 abfertigte. Miller hängte anschließend als Spieler seine Stiefel an den Nagel. Ein Jahr später wurde nach dem Vorbild der Engländer der Sport Clube Corinthians Paulista in São Paulo gegründet.

Bis 1911 blieb Fußball nur zweiter Sport in den Vereinen, hinter Rudern. Chronisten scherzten seinerzeit, daß an Fußball-Spieltagen durchaus eine Ruder-Regatta angesetzt werden könne, niemals jedoch ein Fußballspiel an einem Regatta-Tag. Aus diesem Grund gelang es Flamengo erst 1911, eine Fußballabteilung zu gründen – nachdem eine Gruppe von Fußballern im Streit ihren alten Verein Fluminense verlassen hatte. Aber im ersten Jahr wurden gleich zwei Titel gewonnen, im Rudersport waren Titel für den Verein zuvor Fehlanzeige geblieben.

1911 wurde aber auch durch weitere Skandale geprägt: Unsportliches Verhalten, ein »Alles gilt!«-Klima, das dem Fußball in Brasilien bis dahin fremd gewesen war, hielt allmählich Einzug. Der São Paulo Athletic Club hatte die Meisterschaft von São Paulo gewonnen, sein Vorgänger Palmeiras da Floresta weigerte sich jedoch, den Wanderpokal weiterzugeben. Ein Jahr später zog der Verein der Briten seine Fußballmannschaft für immer zurück. Schon vier Jahre zuvor hatte es einmal riesigen Ärger um einen Pokal gegeben – 1907 bei der ersten brasilianischen Meisterschaft zwischen Rio und São Paulo. Die Paulistas gewannen nach hartem Kampf, aber die Cariocas weigerten sich, den Pokal herauszurücken.

1913 erreichten die Intrigen dann ihren vorläufigen Höhepunkt: Es ging nicht mehr um den Wettkampf, sondern um das Siegen um jeden Preis. Siege garantierten politisches Prestige. Und auch die sozialen Differenzen traten dabei mehr und mehr in den Vordergrund. So kam es zur Spaltung der Liga in São Paulo. Paulistano, der Verein der Brasilianer, wollte endgültig verhindern, daß der organisierte »offizielle« Fußball letztlich doch wieder nur der Elite vorbehalten sein sollte, und gründete eine eigene Liga in São Paulo. Der Fußball wuchs und gewann, wenn zunächst auch oft in organisierter Desorganisation auftretend, an Qualität, da nun auch sozial niedriger angesiedelte Spieler einen Platz in den Mannschaften der Reichen fanden. Die Spaltung der Liga in São Paulo zog eine vierjährige Zeit der Anarchie nach sich.

1913 wurden auch die ersten internationalen Erfolge erzielt: Americano São Paulo gewann bei der ersten brasilianischen Auslandsreise in Buenos Aires gegen eine argentinische Auswahl mit 2 : 0, am 21. Juli 1914 siegte eine Auswahl von Rio und São Paulo im Stadion von Laranjeiras in Rio de Janeiro gegen die englische Mannschaft von Exeter City mit dem gleichen Resultat. Dies war das erste – noch inoffizielle – Länderspiel Brasiliens. Der erste offizielle Ländervergleich folgte dann am 20. September 1914 in Buenos Aires gegen Argentinien – und er endete mit einer 0 : 3-Niederlage der Brasilianer. In ihren ersten Jahren spielte die Nationalmannschaft übrigens in weißen Trikots und blauen Hosen, später dann in blauen Trikots und weißen Hosen. Erst seit 1954 gibt es die aktuelle Kluft, die gelben Trikots und blauen Hosen, die inzwischen als eindeutiges Markenzeichen der Brasilianer gelten.

Im besagten Jahr 1914, eine Woche nach dem ersten Aufeinandertreffen, gab es aber noch ein weiteres Länderspiel in Argentinien, und diesmal sicherte sich die Nationalmannschaft mit 1 : 0 durch ein Tor von Rubens Salles ihren ersten Auswärtssieg. Noch während des Spiels gaben die Argentinier zu, ein Tor per Hand erzielt zu haben, das der Schiedsrichter zunächst auch anerkannt hatte, aber auf Einwand der Argentinier hin selbst annullierte. Es waren halt doch noch andere Zeiten – Maradona und Túlio heute lassen grüßen … Brasilien errang immerhin unter anderem durch diese faire Geste den Turniersieg der Copa Roca.

1915 begann der Streit zwischen São Paulo und Rio um den Sitz des nationalen Verbandes. In São Paulo wurde die Federação Brasileira de Futebol gegründet. Rio zog sofort mit der Federação Brasileira de Esportes nach. Erst ein Jahr später ging der Streit – zumindest vordergründig – zu Ende, als beide Verbände unter der Vermittlung von Botschafter Lauro Müller die Confederação Brasileira de Desportes (CDB) ins Leben riefen. Die internen Differenzen blieben, aber wenigstens international wurde die bis dahin ungeklärte Situation des brasilianischen Fußballs geregelt – es gab nur noch eine Vertretung des Landes nach außen.

Damit konnte Brasilien nun auch problemlos an großen, offiziellen internationalen Turnieren teilnehmen. Schon 1916 spielte man bei der ersten »Copa América« in Argentinien mit, vergleichbar etwa mit einer Europameisterschaft. Der Sieger hieß damals übrigens Uruguay, Brasilien schied trotz einer passablen Vorstellung in der Zwischenrunde aus.

Die offizielle Anerkennung des CBD (Confederação Brasileira de Desportos/Brasilianischer Sportverband) auf dem Papier ließ allerdings noch lange auf sich warten: Am 29. Dezember 1917 bestätigte der Weltfußballverband FIFA den CDB vorläufig als alleinigen Vertreter des brasilianischen Fußballs. Unter dem CBD waren aber noch alle Sportarten in Brasilien organisiert. Erst als die Nachfolgeorganisation CBF, der heutige brasilianische Fußball-Verband, ins Leben gerufen wurde, begann die »Spezialisierung« der Verbände. Die endgültige offizielle Anerkennung des CDB durch die FIFA erfolgte erst im Jahr 1923.

1919 richtete Brasilien erstmals die Copa América aus und sicherte sich im Finale den ersten Titel. Zum ersten Mal rief ein brasilianischer Präsident, damals Epitácio Pessoa, einen nationalen Feiertag wegen eines Titelgewinns im Fußball aus. Zum ersten Mal wurden auch Anhänger aus dem ganzen Land aufgerufen, die Mannschaft in Rio zu unterstützen. Fußball wurde endgültig zum Nationalsport – und damit bald auch zur nationalen Angelegenheit über den Sport hinaus.

Mit der Entwicklung zum Massensport zeichnete sich auch ein Ende des reinen Amateur-Zeitalters ab. Die immer zahlreicheren Fans stellten immer höhere Ansprüche. Scheinarbeitsplätze wurden für die Spieler geschaffen, Siegprämien ausgesetzt. In São Paulo dominierte das »Eisentrio« Palestra Italiana (später Palmeiras), Corinthians und Paulistano (später FC São Paulo) alle Wettbewerbe. Und vor allem Palestra und Corinthians waren keine Vereine, in denen Söhne reicher Väter spielten.

1922 fand das erste Turnier der Bundesstaaten statt, das nicht auf Rio und São Paulo beschränkt war. Die besten Spieler sollten dann an der Copa América teilnehmen, die im gleichen Jahr in Rio stattfand. Die Spieler aus São Paulo gewannen, doch deren Verband wollte die Spieler zunächst nicht freistellen. Erst Gouverneur Altino Arantes und Außenminister Domício da Gama erreichten nach Bitten und Betteln die Zustimmung.

Das Turnier selbst entwickelte sich dann zu einer ziemlichen Skandal-Veranstaltung: Die Mannschaft von Uruguay verließ die Copa América vorzeitig, nachdem sie im Spiel gegen Brasilien von einem einheimischen Schiedsrichter eindeutig benachteiligt worden war. Die Brasilianer wurden dann auch prompt zum zweiten Mal Sieger, im Finale gegen Paraguay gab es einen 3 : 0-Erfolg.

1923 stahl die soeben gegründete Mannschaft von Vasco da Gama, die ausschließlich aus armen, meist farbigen Spielern bestand, bei der Meisterschaft von Rio allen anderen Teams die Schau. Um dem Einhalt zu gebieten, wurde 1924 ein neuer Regionalverband ohne Vasco gegründet. Doch dieser neue Verband spürte schon bald das Fehlen der großen und damit zahlungskräftigen Fangemeinde Vascos. So wurde der Club mit dem Malteserkreuz, der von der portugiesischen Kolonie gegründet worden war, aus kommerziellen Gründen 1929 wieder für den Spielbetrieb zugelassen. Freilich gab es daraufhin trotzdem nicht wenige Versuche des Verbandes, Vasco auszutricksen: So mußten plötzlich alle Spieler vor Spielbeginn einen Personalbogen ausfüllen – damit sollten die Analphabeten ausgeschlossen werden, die es unter den unterprivilegierten Spielern des Clubs noch sehr zahlreich gab. Doch so einfach ließ sich Vasco nicht ausspielen, man wußte sich zu wehren: Der Verein schickte die meisten seiner Spieler zumindest solange zur Schule, bis sie soweit Lesen und Schreiben konnten, um den Bogen auszufüllen.

Die Verbandsfunktionäre versuchten alles, um die »alten Zeiten« im brasilianischen Fußball zu erhalten, Modernisierung und damit auch Professionalisierung zu verhindern. So wurde zum Beispiel 1925 in São Paulo noch einmal extra eine Amateurliga gegründet. Doch es blieb bei den Versuchen; die Vereine befanden sich ebenso wie viele Spieler bereits in einem Professionalisierungsprozeß, der nicht mehr aufzuhalten war.

1925 wurde auch die Welt außerhalb Südamerikas auf den brasilianischen Fußball aufmerksam. Paulistano begeisterte bei einer Europareise und fertigte unter anderem die französische Nationalmannschaft mit 7 : 2 ab. Damit war die Tür zum europäischen Markt für brasilianische Teams endgültig aufgestoßen. Brasilianische »Ballzauberer« avancierten allmählich zu gerngesehenen Gästen auch in europäischen Stadien.

Die großen Spielarenen in Brasilien selbst ließen ja noch eine

Weile auf sich warten. Erst 1927 wurde mit dem Bau des ersten großen Stadions begonnen – Vasco ließ eine Arena errichten, die 50 000 Zuschauern Platz bieten konnte. Stadien wie das von Laranjeiras mit 18 000 Plätzen, Heimat des Clubs Fluminense, erbaut 1919, waren für Spitzenspiele der Güte Fla – Flu (Flamengo – Fluminense) mittlerweile viel zu klein geworden.

Die 30er Jahre – der Beginn der Profi-Ära

Die wachsenden Kontakte nach Europa hatten – neben Spielen brasilianischer Mannschaften auf dem alten Kontinent – auch noch einen anderen Effekt. Von 1931 an zog es eine große Anzahl brasilianischer Top-Spieler immer stärker in europäische Vereine. Denn dort, in Europa, war einfach mehr Geld zu verdienen, die Professionalisierung war bereits vollzogen und steckte nicht mehr, wie zu Hause in Brasilien, in den Kinderschuhen.

Trotzdem entwickelte sich durch die wachsende Popularität des Fußballs in Brasilien allmählich etwas, was den Sport des Landes bis heute prägen sollte: Die Heldenverehrung einzelner Fußballstars, die den Status von National-Heiligen erreichten, begann in den Jahren zwischen 1930 und 1935. Domingos da Guia, vor allem aber Leônidas da Silva waren die ersten, die derartige Verehrung genießen durften – oder vielleicht manchmal auch mußten. Ihr zeitweiliger Wechsel nach Uruguay 1932 – mangels entsprechender Möglichkeiten im eigenen Heimatland – war gleichzeitig der letzte Anstoß zur Einführung des Profitums in Brasilien.

Nach den zahlreichen Versuchen, den Amateurstatus des Fußballs beizubehalten, wurde 1933 die Liga Carioca de Futebol ins Leben gerufen, die erste offizielle Profiliga des Landes überhaupt. Mit der Wiedergründung des FC São Paulo 1935 entstand dann dort auch eine neue, dritte Macht neben Corinthians und Palestra.

Zwischenzeitlich hatte sich Brasilien auch an den beiden ersten Weltmeisterschaften beteiligt, allerdings vorerst noch ohne den ganz großen Erfolg. 1930, beim ersten Weltchampionat der Geschichte überhaupt in Uruguay, ging gleich das erste

Spiel gegen Jugoslawien mit 1 : 2 verloren. Und da die Jugoslawen auch ihr zweites Spiel gegen Bolivien gewannen, hatte der anschließende 4 : 0-Sieg der Brasilianer gegen Bolivien nur noch statistischen Wert – zum Weiterkommen reichte er nicht mehr.

Das erste brasilianische WM-Tor überhaupt gegen Jugoslawien erzielte Stürmer Preguinho von Fluminense Rio. Als Mittelstürmer schoß er im Laufe seiner Karriere insgesamt 184 Tore für Fluminense und zehn Tore in sieben Spielen für die Nationalmannschaft. Preguinho stammte aus einer eigentlich mehr kultur- denn sportinteressierten Familie. Sein Vater war der Schriftsteller Coelho Neto, der sich später einmal – nicht ganz ernsthaft – beklagte: »Ich habe mehr als hundert Bücher geschrieben. Auf der Straße erkennen sie mich aber deswegen, weil ich der Vater von Preguinho bin.« Bei der 30er-WM erzielte Preguinho noch zwei weitere Tore gegen Bolivien und wurde damit bester Torschütze seiner Mannschaft.

Aufgrund eines Streits zwischen São Paulos Regionalverband und dem CBD nahmen damals nur Spieler aus Rio de Janeiro an der ersten WM teil, es fehlte also zum Beispiel der damalige Top-Star Friedenreich. Das Motiv der Auseinandersetzung: Die Verbandsspitze wollte keine Mitglieder aus São Paulo in die technische Kommission aufnehmen. Daraufhin verweigerte São Paulo die Freigabe der Spieler seines Verbandes, damals die besten des Landes. Lediglich ein Spieler aus São Paulo, Araken Patuska, ignorierte den offiziellen Boykott und fuhr trotzdem mit nach Uruguay. Er konnte es sich leisten, er hatte sich mit seinem Verein, dem FC Santos, zuvor sowieso schon heftig zerstritten, hatte da also nichts mehr zu verlieren. Die Reise nach Uruguay trat die Mannschaft damals übrigens mit dem Schiff an, denn auf diesem Weg konnte man gleich ein paar der kommenden Gegner kennenlernen – vier europäische Nationalmannschaften befanden sich mit an Bord.

Das Thema Rassismus war in der WM-Mannschaft von 1930 immer noch nicht vom Tisch. Die farbigen Spieler der Truppe wurden damals offiziell aufgefordert, sich die krausen Haare glätten zu lassen. Mittelläufer Fausto weigerte sich als einziger unter seinen Kollegen, dem »Befehl von oben« Folge zu leisten. Fausto gehörte sowieso zu den Mutigen im Team: Nach der WM, bei der er wegen seiner eleganten Spielweise den Spitznamen »die schwarze Schönheit« erhalten hatte, kritisierte er seine Mannschaftskameraden offen wegen deren ängstlicher Spielweise: »Es war sicher nicht wegen der Kälte, weshalb einige von denen gezittert haben.« Er kämpfte sein Leben lang um Anerkennung und Wohlstand. Sicher waren auch die Probleme, die er in Brasilien hatte, ein Grund dafür – neben finanziellen Interessen –, daß er lange Zeit als Profi im Ausland spielte: in Barcelona, bei den Young Fellows in der Schweiz und bei Nacional in Uruguay. Den beiden folgenden Weltmeisterschaften blieb Fausto fern: 1934, weil er kein Amateur war, 1938, weil er angeblich an einer Grippe litt. Daß hinter dieser »Grippe« wohl schon Schlimmeres steckte, erfuhr man erst im Jahr darauf auf tragische Weise, als Fausto im Alter von 34 Jahren an Tuberkulose starb – eines der tragischsten Schicksale im brasilianischen Fußball.

Auch die WM 1934 in Italien brachte für Brasilien noch kein Erfolgserlebnis. Gleich nach dem Auftaktspiel gegen Spanien mußte die Mannschaft wieder die Heimreise antreten: Es hatte eine 1 : 3-Niederlage gegeben, das Ehrentor für Brasilien ging auf das Konto von Leônidas da Silva.

Dabei hatte man sich natürlich auch von vornherein selbst geschwächt: Obwohl in Brasilien ja mittlerweile das Profitum eingeführt worden war, entschieden sich die Verbandsoberen notgedrungen, mit einer reinen Amateurmannschaft nach Italien zu fahren. Es gab schon einige Versuche der Dirigenten des brasilianischen Verbandes, eigentlich immer noch Vertreter des reinen Amateur-Status, einige Spieler aus São Paulo mit Parallel-Verträgen zur WM-Teilnahme zu bewegen. Doch nur wenige akzeptierten die Einladung, die eine Re-Amateurisierung beinhaltete, unter ihnen Pelé-Entdecker Waldemar de Brito. Die Angst, sich mit den eigenen Vereinen Ärger einzuhandeln, war zu groß, machten doch die Clubs ihren Profis massiv deutlich, was sie von den »Abwerbetricks« des Verbandes hielten. Die Spieler von Palestra Itália wurden sogar in einer Fazenda im Bundesstaat São Paulo verschanzt. Die Vereinsbosse gaben Schießbefehle an die Sicherheitskräfte aus, sollten sich Unbekannte dem Quartier nähern – alles, um die verhaßten Verbandsspitzen fernzuhalten.

Doch auch die Amateure begeisterten offenbar – trotz ihres frühen Ausscheidens – zumindest die Talentsucher der großen europäischen Clubs: Sieben Spieler aus dem brasilianischen Aufgebot wurden während der WM nach Europa abgeworben. Die größte Entdeckung des Turniers war der erst 19jährige Leônidas da Silva, der im Laufe der Jahre zum ersten echten Weltstar des brasilianischen Fußballs werden sollte.

Noch ein anderes Mitglied der 34er-WM-Delegation machte später Karriere – allerdings nicht auf dem grünen Rasen, sondern auf politischem Parkett: Delegationschef Lourival Fontes wurde einige Jahre nach dem WM-Auftritt Chef der Presse- und Propaganda-Abteilung des damaligen brasilianischen Staatspräsidenten Getulio Vargas und erhielt den Spitznamen »Goebbels«.

1938, bei der dritten Weltmeisterschaft in Frankreich, sollte dann alles anders werden: Nach dem schwachen Abschneiden während der beiden ersten WM-Teilnahmen schlossen Regional- und Landesverband schon im Vorfeld einen Pakt, um ein erneutes Fiasko zu verhindern und die tatsächlich beste Besetzung nach Frankreich schicken zu können.

Doch nun ergaben sich plötzlich andere Probleme, an die im voraus niemand gedacht hatte: So war die wochenlange Schiffsreise nach Europa für viele Spieler ungewohnt, sie mußten an Deck Gymnastik machen, um sich einigermaßen fit zu halten, was nicht immer gelang, vor allem bei dem überreichlichen Essensangebot an Bord. Einige Spieler nahmen während der 15 Tage auf hoher See mehrere Kilo zu, Mittelfeldspieler Romeu stellte mit sage und schreibe neun Kilo den Negativ-Rekord auf. Nur für Gelächter sorgte dagegen ein anderer Mannschaftskollege, der versuchte, mit einem Fernglas die Äquatorlinie zu finden.

Auf dem Spielfeld fanden die Brasilianer dann erst einmal ziemliche Probleme vor. Zwar hatten sie im Achtelfinale gegen

Polen schon einmal mit 3 : 1 geführt, doch zum Ende der regulären Spielzeit stand es 4 : 4. Nach der deutlichen Führung hatten die Brasilianer nur »zaubern« wollen. Dies brachte ihnen den zweischneidigen Ruf der Ballzauberer ein, der ihnen manchmal bis heute noch anhängt. Präsentation ihrer Spielkunst auf der einen, übermäßige Verspieltheit auf der anderen Seite. Mit der Tendenz, den Ball am liebsten ins Tor tragen zu wollen, was wiederum das permanente Risiko einschloß, sich dann in solchen Situationen Konterangriffe und unnötige Gegentore einzufangen. Doch am Ende reichte es diesmal in der Verlängerung noch knapp zu einem 6 : 5-Sieg. Auffälligster Spieler der Partie war Leônidas da Silva mit vier Treffern – und mit einem außergewöhnlichen Wunsch: Wegen des zwischenzeitlichen starken Regens zog er die Schuhe aus und wollte barfuß weiterspielen, doch der Schiedsrichter legte sein Veto ein.

Im Viertelfinale mußten die Brasilianer gegen die Tschechoslowakei sogar zwei Spiele bestreiten. In der ersten Auflage gab es nach 0 : 1-Rückstand doch noch ein 1 : 1, das die Brasilianer nach Platzverweisen mit neun Mann über die Zeit retten mußten. Torschütze wieder einmal Leônidas – wer sonst? Zwei Tage später gab es dann das Wiederholungsspiel: Brasilien trat mit einer Reservemannschaft an, lediglich Leônidas und Torhüter Walter aus der Stammelf waren dabei. Wieder geriet das Team erst einmal in Rückstand, doch durch Tore von Leônidas und Roberto kam am Ende doch noch ein Sieg für die Brasilianer heraus, die sich allerdings hinterher in der internationalen Presse sagen lassen mußten, das sei ein ungerechtes Ergebnis gewesen.

Das Halbfinale gegen Italien galt dann dennoch als das vorweggenommene Endspiel. Doch nun hatte Brasilien ein riesiges Handicap: Man mußte ohne den verletzten Leônidas antreten. Und prompt gab es eine 1 : 2-Niederlage, obwohl die Brasilianer diesmal durch Romeu mit 1 : 0 in Führung gegangen waren. Allerdings hatte man sich die Niederlage auch zu einem nicht unerheblichen Teil selbst zuzuschreiben: Einer der Hauptgründe war ein völlig unnötiges Foul von Ausputzer Domingos da Guia an Piola im eigenen Strafraum. Meazza verwandelte den Elfmeter zum entscheidenden 2 : 1-Endstand. Die Begegnung war jedenfalls der Auftakt einer langen Reihe von WM-Klassikern gegen Italien, die sich bis zum Endspiel 1994 in den USA fortsetzen sollte. Gegen Deutschland hat Brasilien dagegen bei einer WM noch nie gespielt …

Im Spiel um den dritten Platz trafen die Brasilianer dann auf Schweden. Nach einem 1 : 2-Rückstand konnten sie das Spiel noch drehen und erreichten am Ende einen 4 : 2-Sieg und damit das bis dahin beste Ergebnis für Brasilien bei einer Weltmeisterschaft. Wieder steuerte Leônidas zwei Tore bei, die restlichen teilten sich Romeu und Perácio.

Zum ersten Mal konnten bei dieser Weltmeisterschaft die brasilianischen Fans zu Hause die Spiele ihrer Mannschaft live mitverfolgen: Es gab die ersten Direktübertragungen im Radio durch Radio Clube Rio de Janeiro, das spätere Radio Globo.

Doch der dritte Platz reichte nicht aus, um Fans und Öffentlichkeit zufriedenzustellen. Nach der WM wurde viel Kritik laut, vor allem an den Verbandsfunktionären. Die Truppe in Italien sei eine WM-Expedition ohne wirkliches Kommando gewesen, die Funktionäre hätten sich mehr mit Champagner-Empfängen und abendlichen Festen in Begleitung von Kabarett-Sängerinnen als mit Fußball beschäftigt. Einige Spieler, unter ihnen Mannschaftskapitän Martim, gingen mit ihren Vorwürfen direkt an die Öffentlichkeit. Doch Kritik war damals wie heute in den Verbänden nicht gern gesehen. Die »Nestbeschmutzer«, als die sie Funktionäre abstempelten, wurden für immer aus der Nationalmannschaft verbannt.

Doch eines hatte man im brasilianischen Fußball – schon vor und gerade nach der WM in Frankreich – wohl erkannt: Mochte man inzwischen spielerisch und balltechnisch auch absolute Weltspitze sein, so haperte es auf anderen Gebieten, vor allem taktisch und organisatorisch, im internationalen Vergleich doch noch gewaltig. Deshalb begann Ende der dreißiger Jahre eine Ära, die bis Ende der vierziger Jahre anhalten sollte: Man »importierte« eine Reihe von europäischen Trainern, um aufzuholen.

Unter ihnen befand sich der Ungar Dori Kruschner, der 1937 bei seiner Ankunft gleich vollmundig eine Revolutionierung des brasilianischen Fußballs versprach. Er führte bei Flamengo das in Europa bekannte »WM-System« ein, doch er machte sich keine Freunde damit. Vor allem sein Mittelläufer Fausto, der nicht mehr die Luft für lange Wege hatte, beschwerte sich heftig – und der hatte intern eine gute Lobby. Kruschner wurde bei der Presse und der Vereinsführung immer unbeliebter und mußte am Ende gehen, sein System machte allerdings mittelfristig in Brasilien trotzdem Schule.

Noch in den dreißiger Jahren, genauer gesagt am 15. Januar 1939, schlug die Geburtsstunde für ein Phänomen, das unter dem Namen »Platinismus« in die brasilianische Fußballgeschichte eingehen sollte: der Komplex, gegen die Länder der Platina, Argentinien und Uruguay, zu spielen: Eine 1 : 5-Heimniederlage gegen Argentinien in Rio de Janeiro an jenem 15. Januar war der Anfang, in den 40er Jahren setzte sich diese Serie fort. Es reichte, daß die Argentinier das Feld betraten, um die Brasilianer wacklige Knie bekommen zu lassen ... Kein gutes Zeichen vor der WM im eigenen Lande, für die 1949 die Bauarbeiten begannen, unter anderem am Maracanã-Stadion, mit 200 000 Plätzen schon damals größtes Fußball-Stadion der Welt. Der FIFA kam diese Konstellation einer WM in Brasilien damals durchaus gelegen. Schließlich lag Europa noch in Trümmern, und zum anderen konnten so die Verbindungen zwischen beiden Kontinenten verbessert werden.

Womit man nicht gerechnet hatte, waren Organisationsprobleme auf allen Seiten. Die WM in Brasilien gilt immer noch als die am schlechtesten organisierte. So war zum Beispiel das Maracanã-Stadion noch einen Monat vor Beginn der Spiele nicht fertig. Der italienische Organisationschef der FIFA, Otorino Barassi, mußte bei seiner Ankunft in Rio ein paar heftige Machtworte sprechen, damit der Bau doch noch irgendwie rechtzeitig fertiggestellt wurde. Ohne sein Auftreten hätte die WM kaum stattgefunden. Organisationsfehler gab es aber auch seitens der FIFA in Abstimmung mit dem CBD: zum Beispiel im Hinblick auf die Distanzen zwischen den Spielorten. So sagte Frankreich seine Teilnahme ab, als es erfuhr, daß man innerhalb von vier Tagen in Recife und Porto Alegre zu spielen hätte – an die 4000 Kilometer voneinander entfernt, ein Wechsel aus dem tropisch-heißen Nordosten ins eher europäische Klima von Rio Grande do Sul, ganz im Süden Brasiliens.

All das ließ die Brasilianer erst einmal kalt. Ohne Streitigkeiten der Verbände schickte man eine Top-Besetzung ins Rennen, galt zu Hause als der absolute Favorit, schließlich hatte die Mannschaft ein Jahr zuvor noch souverän zum dritten Mal die Copá America gewonnen. Vor den Argentiniern brauchte man auch keine Angst zu haben, denn die hatten, von Brasilien mit großer Erleichterung begrüßt, ihre Teilnahme abgesagt. Doch dann kamen die »Urus«, kam die Tragödie des verlorenen Finales – und die Fortsetzung des »Platina-Komplexes« …

Der erste Titel – die WM 1958 in Schweden

Die brasilianische Delegation, die 1958 zur WM nach Schweden fuhr, stand unter größtem Druck: Schließlich mußte endlich der erste WM-Titel her, galt es, die Scharten zweier vorheriger Weltmeisterschaften auszuwetzen, als Brasilien jeweils als Favorit gestartet war, dann aber doch verlor.

Vor allem die bittere Erfahrung der Heimniederlage 1950 im »Finale« gegen Uruguay war noch immer in allen Köpfen eingebrannt. Vicente Feola, der Trainer der 58er – und später auch der 66er-Mannschaft –, war damals schon als Assistent von Cheftrainer Flávio Costa mit dabei gewesen: bei den Vorrunden-Siegen gegen Mexiko (4 : 0) und gegen Jugoslawien (2 : 0) in Rio de Janeiro zum Beispiel und beim 2 : 2-Unentschieden gegen die Schweiz in São Paulo, als Trainer Costa eine Mannschaft vorwiegend mit Paulistas spielen ließ, denen die Presse dann die Hauptschuld am schwachen Auftritt gab. Außerdem wurde sofort behauptet, das Pacaembu-Stadion in São Paulo bringe eben kein Glück – Metaphysisches und Spiritistisches mußten schon da als Erklärungen für Mißerfolg herhalten. Dabei wurde schon in diesem Spiel gegen die Schweiz jenes überzogene Siegesbewußtsein der Brasilianer deutlich, das sich später rächen sollte.

Nach zwei sensationellen Siegen über Schweden (7 : 1) und über die Spanier (6 : 1) in der Zwischenrunde gingen die Brasilianer mit einer ungeheuren Selbstsicherheit in das letzte und alles entscheidende Spiel der Finalrunde gegen Uruguay. Im Anschluß an den Sieg gegen Spanien verließen die Spieler das Trainingslager und begaben sich in das Clubhaus in São Januario. Dort wurden sie von Fans umringt und gefeiert, als ob sie bereits den Titel gewonnen hätten. Der Gouverneur von Rio de Janeiro, Mendes de Morais, beglückwünschte Spieler bereits vor der Partie als neue Weltmeister. Am Endspieltag wurden die Spieler um 6.30 Uhr geweckt. Ein Pater sollte eine Messe für die neuen Weltmeister abhalten. Uruguay hatte vor dem Spiel nur einen einzigen Wunsch: die Niederlage möglichst in Grenzen zu halten. Dabei würde Brasilien bereits ein Unentschieden reichen.

In der ersten Halbzeit des Endspiels brannten Zizinho und Co. ein wahres Feuerwerk ab. Lange Pässe, sichere Ballstafetten, Tempo- und Positionswechsel, technische Kabinettstückchen. Mehr als 200 000 Zuschauer gerieten nach zwei Minuten der zweiten Halbzeit völlig aus dem Häuschen, als Friaça das Führungstor erzielte. Uruguay reagierte: Kapitän Varela gab seine Abwehrrolle auf und schaltete sich in den Angriff ein. Mehr noch: Varela erkannte den Schwachpunkt der Brasilianer, die linke Abwehrseite – und er arbeitete mit einem psychologischen Trick. Als Außenstürmer Ghiggia von Verteidiger Bigode zu Fall gebracht wurde, gab Uruguays Kapitän dem Brasilianer einen Klaps ins Gesicht und rief ihm ein »Calmo, muchacho!« zu. Eingeschüchtert soll der Verteidiger von da ab angeblich vorsichtiger zu Werke gegangen sein. Eine Version, die Bigode, der nach dem Spiel gegen die Urus den Rasen des Maracanã-Stadions nie mehr betrat und eine Radio- und TV-Werkstatt eröffnete, stets abgestritten hat.

Als Schiaffino zum 1 : 1 ausglich, wurde das Spiel hektisch. Elf Minuten vor Schluß schlug Varela einen langen Ball auf Ghiggia, der kaltblütig an Torhüter Barbosa vorbei ins kurze Eck verwandelte. Totenstille im Stadion. Brasilien trauerte. Trainer Costa bilanziert: »Es war die Ohnmacht, die unsere Ziele zerstört hat.« Die Niederlage von Maracanã wurde als die größte nationale Tragödie aller Zeiten betrachtet. Viele Menschen nahmen sich entweder aus purer Enttäuschung oder aus anderen Motiven, zum Beispiel Wettschulden, das Leben.

Kaum war die Sprachlosigkeit, war die Enttäuschung über das unerklärliche Ergebnis vergessen, begann die verzweifelte Suche nach Gründen für das Debakel. Ein Sündenbock wurde schnell gefunden: Torhüter Barbosa wurde als Schuldiger ausgemacht, weil er beim zweiten Treffer Uruguays nicht entschlossen genug reagiert habe. In Wirklichkeit schienen jedoch andere Ursachen für die völlig unerwartete Niederlage verantwortlich: Zum einen nutzten die Politiker die Spieler der Nationalmannschaft zur Eigenwerbung. Jeder von ihnen wollte sich im Wahljahr mit dem Weltmeistertitel schmücken. Eben dieser Druck war es, den die Spieler nie in den Griff bekamen. Andererseits erinnerte das Trainingslager der Brasilianer vor dem Endspiel eher an einen Zirkus, in dem sich niemand große Sorgen um das Match gegen Uruguay machte. Die Quittung folgte auf dem Fuß, und für Trainer Costa bedeutete die Niederlage das Ende vom Traum einer politischen Karriere, denn eigentlich wollte er nach der WM Landtagsabgeordneter werden.

Auch 1954 in der Schweiz sollte am Schluß Enttäuschung dominieren: Nach der Erneuerung der Mannschaft war Brasilien voller Selbstvertrauen in das Alpenland gereist. Brasiliens Technische Kommission wollte diesmal eine perfekte Vorbereitung realisieren, um den Titelgewinn zu garantieren. Mit Laudelino Oliveira wurde ein eigener Koch in die Schweiz geholt, und sogar die brasilianischen Bohnen wurden über den großen Teich verfrachtet.

Brasilien mußte zuvor zum ersten Mal in die WM-Qualifikation, qualifizierte sich aber ohne große Mühe gegen Chile und Paraguay. Von den Spielern des 50er-Kaders wurden lediglich Bauer und Amparo erneut berufen. Trainer Moreira wurde scharf kritisiert, weil er den genialen Zizinho in Brasilien ließ und zudem Dribbelwunder Luizinho von Corinthians nicht berief. Brasilien trat zum ersten Mal in gelben Trikots auf und erhielt prompt den Beinamen »Seleção Canarinho«, Nationalmannschaft der Kanarienvögel.

Wie schon vier Jahre zuvor hieß der Auftaktgegner Mexiko. Diesmal endete die Partie mit einem 5 : 0 für Brasilien. Es folgte ein 1 : 1 gegen Jugoslawien, ebenfalls vier Jahre zuvor Vorrundengegner. Jugoslawien ging durch den später als Bundesligatrainer bekannten Branco Zebec mit 1 : 0 in Führung, Didi gelang in der zweiten Halbzeit der Ausgleich. Die Brasilianer realisierten erst nach dem Spielende, daß ihnen ein Unentschieden zum Einzug ins Viertelfinale gereicht hätte. Also stürmten sie noch in den Schlußminuten verzweifelt in Richtung jugoslawisches Tor, obwohl die Jugoslawen ihnen heftig gestikulierend klarmachen wollten, den Ball nur in den eigenen Reihen zu halten, eben einen »Nichtangriffspakt« zu schließen. Brasilien wollte den Sieg um jeden Preis, obwohl dies gar nicht nötig war.

Im Viertelfinale traf Brasilien auf den Favoriten Ungarn. Das Spiel ging als »Schlacht von Bern« in die Geschichte ein und war von Ausschreitungen, üblen Fouls und Platzverweisen gekennzeichnet. Hauptschuldiger aus brasilianischer Sicht: Schiedsrichter Arthur Ellis aus England. Einige Skandalszenen: Während des Spiels rannte der brasilianische Journalist Paulo Planet Buarque aufs Spielfeld und begann ein Handgemenge mit der Polizei ... Nach dem Spiel schlug Trainer Moreira dem ungarischen Sportminister Gustav Sebes einen Fußballschuh ins Gesicht ... Puskás, der wegen einer Verletzung nicht spielen konnte, hatte Kapitän Pinheiro nach dem Schlußpfiff eine Flasche an den Kopf geworfen ... Nilton Santos und Humberto wurden nach Tätlichkeiten vom Platz gestellt, wobei Humberto verzweifelt vor dem Schiedsrichter niederkniete und auf diese Weise versuchte, einem Platzverweis zu entgehen ...

Sportlich glaubte Brasilien, seinen Gegner durch das Fehlen von Puskás besser ausrechnen zu können. Doch schon nach wenigen Minuten hieß es 2 : 0 für Ungarn. Auch der Anschlußtreffer von Djalma Santos half wenig. Den zweiten brasilianischen Treffer besorgte Julinho. 4 : 2 für die Ungarn, Brasilien war draußen – und mußte noch einmal vier Jahre auf den ersten Titel warten.

Der Name des englischen Unparteiischen wurde in Brasilien für lange Zeit zum Schimpfwort umfunktioniert. Alles mögliche warfen ihm die empörten Brasilianer vor, einschließlich, daß er Kommunist sei.

1958 versuchte Brasilien es dann unter der Führung von Delegationschef Paulo Machado do Carvalho mit einem neuen Denkansatz. Carvalhos Devise: Der Mensch steht im Vordergrund, erst dann kommt der Fußballer. Von allzuviel menschlichem Denken war freilich bei einigen Verbandsfunktionären immer noch nichts zu sehen. Unter ihnen gab es einige Funktionäre, die ernsthaft die These vertraten, keine farbigen Spieler nach Schweden mitzunehmen, weil diese sich nicht benehmen könnten, außerdem nicht eiskalt genug seien, um entscheidende Spiele zu überstehen, die nordische Kälte nicht aushalten könnten und kein Kämpferherz besäßen.

Carvalho ließ sich jedoch nicht beirren – im Aufgebot für Schweden standen dann auch Djalma Santos, Zózimo, Oreco, Moacir, Garrincha und Pelé. Der, damals gerade 17 Jahre alt, wäre allerdings um ein Haar zu Hause geblieben. Im letzten Testspiel der Nationalmannschaft hatte er gegen Corinthians eine böse Attacke von Verteidiger Clemente hinnehmen müssen – und Glück, ohne schwerwiegende Verletzung davonzukommen.

Seine berühmte Rückennummer zehn, die Pelé in Brasilien beim FC Santos bereits vor der WM trug, erhielt er in Schweden nur per Zufall zugeteilt. Der brasilianische Verband hatte es versäumt, die Numerierung rechtzeitig der FIFA zuzuschikken. Und so blieb es einem uruguayischen Funktionär überlassen, diese Nummernvergabe vorzunehmen. Da dieser kaum einen der brasilianischen Spieler kannte, kam es zu kuriosen Zuteilungen: die Nummer 3 für Stammtorhüter Gilmar, die Nummer 1 für Ersatztorhüter Castilho ... Pelé kannte er freilich und vergab an ihn die Nummer zehn.

Zweifel gab es vor der WM um die Aufstellung Garrinchas. Bei den psychologischen Tests, die die »Reisetauglichkeit« der Spieler überprüfen sollten, bat der Psychologe João Carvalhaes Garrincha, einen Baum zu zeichnen. Garrincha zeichnete einen Riesenbaum, der unten größer war als oben. Als ihn der Psychologe fragte, ob Bäume so aussehen, antwortete Garrincha: »Natürlich nicht, aber ich erinnerte mich in dem Moment an Quarentinha, meinen Kollegen bei Botafogo, der einen Riesenkopf hat.« Garrincha wurde nur deshalb nicht gestrichen, weil ihn sein Freund Nilton Santos sofort in Schutz nahm: »Garrincha ist nicht gut im Zeichnen, aber ein Riesenfußballer. Machen Sie sich also nichts daraus. Ohne ihn gewinnen wir die WM nicht.« Der Psychologe hatte zuvor festgestellt, daß Garrincha die Intelligenz eines achtjährigen Kindes besitzt …

Eine Woche vor der WM wäre Garrincha dann fast noch nach Hause geschickt worden, weil er beim letzten Testspiel gegen Florenz beim Stand von 4 : 0 nicht nur Verteidiger und Torwart ausspielte, sondern noch auf einen weiteren Verteidiger wartete, den er austanzen wollte. Während der Italiener unglücklich gegen den Pfosten prallte, schob Garrincha den Ball ins Tor. Trainer und Mannschaftsleitung hielten solches Lächerlichmachen für verantwortungslos …

In der WM-Qualifikation hatte sich Brasilien nach dem Verzicht Venezuelas lediglich mit Peru auseinanderzusetzen. Nach einem 1 : 1 in Lima quälte sich Brasilien ein 1 : 0 im Maracanã-Stadion ab, das rettende Siegtor schoß Didi. Während Trainer Feola in der Qualifikation mit einem 4–3–3-System spielte, in dem einer der Außenstürmer – Telê Santana – als hängende Spitze agierte, entschied er sich in Schweden für ein offensiveres 4–2–4-System, das der Charakteristik seiner Spieler viel eher entgegenkam.

Fast zeitgleich mit der Qualifikation zur WM in Schweden ereignete sich innerhalb des brasilianischen Verbandes ein folgenschwerer Wechsel: João Havelange, der spätere FIFA-Präsident, übernahm den Vorsitz. Sein erstes Ziel: Eine komplette Strukturreform, die der Nationalmannschaft ein professionelles Umfeld ermöglichen sollte. Eine Technische Kommission mit Supervisor, Mannschaftsarzt, Zahnarzt, Spielbeobachter, Kassenwart … Eine neue Struktur, die es in dieser Form noch nicht gegeben hatte. Das Ausland ließ sich von diesen Maßnahmen nicht sonderlich beeindrucken. Brasiliens Fußball-Verband eilte nach wie vor der Ruf eines Chaos-Verbundes voraus, und lediglich das individuelle Talent seiner Spieler wurde respektiert.

In der Vorrunde begann Brasilien in den ersten beiden Spielen ohne Pelé und ohne Garrincha. Gegen Österreich gab es ein 3 : 0 mit Toren durch Mazzola (2) und Nilton Santos, gegen die Engländer anschließend ein trostloses 0 : 0. Gegen die

UdSSR mußte nun ein Sieg her, um den Einzug ins Viertelfinale zu sichern. Vor dem Spiel beriet sich Trainer Feola mit Kapitän Bellini und Abwehrchef Nilton Santos. Beide Spieler sprachen sich für den Einsatz von Zito, Garrincha und Pelé aus, um das Offensiv-Spiel anzukurbeln. Im Fall Zito hatte Feola keine Einwände. Bei Garrincha lag ihm noch das Gutachten des Psychologen in den Ohren, der behauptet hatte, Garrincha habe das Bewußtsein eines achtjährigen Kindes. Pelé hielt er noch für zu jung. Die beiden Leitfiguren überzeugten ihn schließlich: »Pelé und Garrincha spielen!«

Beeindruckend bereits die ersten drei Minuten gegen die Sowjets: Mit dem Anstoß schlägt Didi einen langen Ball auf Garrincha. Der verlädt seinen Gegenspieler Kusnetsov, der sich auf den Hosenboden legt. Einige Sekunden später hat Garrincha wieder den Ball. Diesmal kommen Kusnezow die Verteidiger Wojnow und Krischewski zu Hilfe. Garrincha verlädt alle drei und setzt den Ball an die Latte des Tores von Lew Jaschin. Dem mißlingt der Abschlag, der direkt zu Garrincha kommt. Der setzt den Ball erneut gegen das Holz, den Abpraller nimmt Didi auf und gibt die Vorlage zum 1 : 0 durch Vavá. Drei Minuten, die Garrincha in aller Welt bekannt machten. Brasilien gewann 2 : 0, das zweite Tor erzielte erneut Vavá nach Vorlage von Garrincha.

Im Viertelfinale traf Brasilien auf Wales. In einem knüppelharten Spiel gewann Brasilien durch ein Tor von Pelé mit 1 : 0. Pelé bezeichnete dieses Tor im nachhinein als das wichtigste seiner Karriere, das Tor, das ihm Bestätigung, das ihm Selbstvertrauen gab. Didi hatte den Ball von rechts mit dem Kopf aufgelegt, Pelé stoppte mit der Brust, lupfte den Ball noch in der Luft am Gegenspieler vorbei und schoß ihn volley in die rechte Ecke – sein erstes Tor bei einer Weltmeisterschaft. Trotzdem hagelte es nach dem Spiel harsche Kritik, unter anderem von Ex-Nationalspieler Leônidas, der das Spiel als Radio-Kommentator begleitet hatte: »Pelé muß aus der Mannschaft genommen werden«, forderte er.

Das vorweggenommene Endspiel fand schon im Halbfinale beim 5 : 2 gegen die Franzosen statt. Pelé strafte seine Kritiker

Lügen und erzielte drei Traumtore, Vavá und Didi besorgten den Rest, Brasilien stand zum zweiten Mal in einem WM-Finale.

Vor dem Anpfiff gegen die Schweden erlebten die Brasilianer zunächst einen Schock: Da beide Teams traditionell in den gleichen Farben spielen, mußte eines im Zweit-Trikot antreten. Da die Platzherren auf ihren gelben Jerseys beharrten, blieb den Brasilianern, die zudem nur eine Garnitur mit nach Schweden gebracht hatten, nichts anderes übrig, als in Windeseile eine zweite Kluft zu besorgen.

Djalma Santos feierte seinen ersten Einsatz bei der WM ausgerechnet im Finale gegen die Schweden. Über den Grund kursieren zwei Versionen: Stammspieler De Sordi hatte sich beim Abschlußtraining verletzt und konnte deshalb gegen die Schweden nicht antreten. Die zweite Version: De Sordi hatte in der Nacht vor dem Endspiel aus lauter Nervosität nicht geschlafen und pausenlos geraucht. Um dies zu verbergen, stopfte er sich am nächsten Morgen den Mund mit Zahnpasta voll. Mannschaftsarzt Hilton Gosling bemerkte es und berichtete Trainer Feola davon, der De Sordi aus der Mannschaft nahm.

Der Sieg am grünen Tisch, in der Trikotfrage, half den Schweden dann nicht viel, genausowenig wie die 1 : 0-Führung durch Liedholm. Didi holte den Ball in aller Seelenruhe aus dem Netz: »Das Spiel steht noch 0 : 0, sehen wir mal, wie's ausgeht«, redete er sich ein. Nach zehn Minuten fiel der Ausgleich durch Vavá auf Flanke von Garrincha. 14 Minuten später erzielte wieder Vavá, wieder auf Flanke Garrincha, die Führung für Brasilien. In der zweiten Halbzeit hob Pelé den Ball zweimal über Gegenspieler Bergmark: 3 : 1. Zagalo erhöhte auf 4 : 1. In der 86. Minute übersah der Schiedsrichter einen klaren Elfmeter nach einem Foulspiel an Garrincha und gab den Anschlußtreffer von Simonsson trotz eindeutiger Abseitsstellung. Mit dem Schlußpfiff schlug Pelé noch einmal zum 5 : 2 zu. Damit war Brasilien zum ersten Mal Weltmeister – und das erste und bis heute einzige Land, das auf einem fremden Kontinent den Titel holte.

Die Siegesfeier begann bereits auf dem Platz und sollte noch

Wochen andauern. Per Radio richtete Staatspräsident Juscelino Kubitschek direkt aus Brasilia Glückwünsche an die Mannschaft, die in der Kabine andächtig zuhörte. Mario Trigo, Zahnarzt der Nationalelf, erkannte als erster im allgemeinen Durcheinander nach dem Schlußpfiff den schwedischen König Gustav. Um ihn würdevoll anzusprechen, sagte Trigo: »Na, King, alles klar?«

Die WM-Stars 1958

Edson Arantes do Nascimento »Pelé«
** Três Corações, 23. Oktober 1940*
Sein bürgerlicher Name ist Edson Arantes do Nascimento, doch die Welt kennt ihn nur unter »Pelé«, den wahrscheinlich bekanntesten und vielleicht auch besten Fußballspieler aller Zeiten.

Seinen Spitznamen bekam er schon während seiner Schulzeit in seinem Geburtsort Três Corações verpaßt. Es gibt allerdings mehrere Versionen der Geschichte: Die erste: Ein Mitschüler rief ihn Pelé. Da er den amerikanisch klingenden Namen weder mochte noch so recht verstand, entwickelte sich eine Rauferei zwischen den beiden. Als seine Lehrerin nach dem Grund für den Streit fragte und der Name fiel, entschied die Pädagogin, daß ihr Schüler ab sofort immer so gerufen werden sollte. Eine andere Variante: In einem Kino der Stadt lief ein Film, in dem ein afrikanischer Eingeborenenstamm namens »Pelés« vorkam. Pelé erhielt deshalb von seinen Freunden jenen Namen, der zum Mythos werden sollte.

Schon vor dessen Geburt gab es eine schicksalhafte Verbindung zum Fußball: Sein Vater Dondinho galt in Três Corações als ein großes Talent. Als junger Spieler wurde er nach Belo Horizonte eingeladen, wo er beim Traditionsclub Atlético Mineiro ein Probetraining absolvieren sollte. Nach zahlreichen kurzen Passagen bei kleinen Vereinen in Minas Gerais schien nun die Chance gegeben, aus der Armut auszubrechen. Dondinho bestand den Test und bezog mit seiner Frau Celeste eine kleine Wohnung unterhalb des Atlético-Stadions. Bei seinem ersten Spiel, am 9. März 1940, gegen São Christovão aus Rio de Janeiro, verletzte er sich am Knie. Die Verletzung war so schwer, daß er nie mehr zu alter Form fand und schließlich doch wieder bei kleinen Vereinen spielen mußte. Schlimmer noch: Seine Frau war schwanger und trug im Bauch ihren ersten Sohn.

Dondinho wäre nichts weiter als ein in Vergessenheit geratenes Talent, wenn nicht eben dieser am 23. Oktober geborene Sohn gewesen wäre, der später alle Niederlagen seines Vaters und in gewisser Weise jene aller Brasilianer gerächt hätte. Seine Herkunft war es aber auch, die ihn entscheidend geprägt hat. Sein freundliches, immer zurückhaltendes Auftreten, sein Lebensmotto, immer mit beiden Füßen auf der Erde zu stehen, all das sind Eigenschaften, für die die »Mineiros«, die Einwohner des Bundesstaates Minas Gerais, bekannt sind. »Mineiros essen still und leise«, lautet ein brasilianisches Sprichwort, das auch auf den größten Fußballer aller Zeiten zutrifft.

Sein Entdecker hieß Waldemar de Brito, damals Jugendtrainer von Atletico Clube Bauru – die Eltern Pelés waren von Três Corações/Minas Gerais in die Stadt Bauru, Bundesstaat São Paulo, gezogen. Brito wollte 1953 eine neue Jugendmannschaft aufbauen und ließ Spieler zum Sichten kommen. Schon bei der ersten Vorstellung Pelés war der Trainer beeindruckt vom Talent des mageren Jungen, der seine Gegner nach Belieben ausspielte und Tore am Fließband erzielte. Als Brito für einige Monate die Stadt verließ, gab er Pelés Mutter Celeste mit auf den Weg: »Passen Sie gut auf den Jungen auf, er ist ein Geschenk Gottes.« Einige Monate später kam er zurück und brachte Pelé zum FC Santos.

Mit 15 Jahren kam dieser also am 8. August 1956 zum FC Santos, jenem Verein, dessen Name immer mit dem seinen verbunden bleiben wird. Sein erster Trainer hieß Lula. Er und Jair da Rosa Pinto, ein Klassespieler, der sich am Ende seiner Karriere befand, nahmen den Jungen, der von den etablierten Spielern zunächst nur belächelt wurde, unter ihre Fittiche.

Im ersten Training und auch in seinem ersten Spiel gegen Santo André im September 1956 erzielte er gleich ein Tor – er schoß Torhüter Zaluar den Ball durch die Beine.

Bereits am 7. Juli 1957, weniger als ein Jahr nach seinem ersten Auftritt in Santos, gab Pelé sein Debüt in der Nationalmannschaft. Brasilien verlor zwar gegen Argentinien mit 1 : 2, doch der 16jährige Pelé erzielte den Ehrentreffer und machte damit gewaltig auf sich aufmerksam. Argentiniens Kapitän Nestor Rossi meinte schon damals euphorisch: »Pelé ist der Größte!«

Bei der Weltmeisterschaft in Schweden sollte sich diese Einschätzung dann bestätigen: In den ersten zwei Spielen gar nicht im Einsatz, dann gegen viele Bedenken und Kritik doch aufgestellt, wurde der 17jährige zu einem der absoluten Schlüsselspieler für den Gewinn des ersten WM-Titels Brasiliens. Unvergessen die Szenen, die sich nach dem Schlußpfiff des Finales der 58er WM abspielten, als der weinende Junge Pelé in den Armen von Schlußmann Gilmar lag.

Bald danach begann für ihn jener Abschnitt, den er noch heute als »die schönste Zeit meines Lebens« bezeichnet: 1959, im gleichen Jahr, in dem in Brasilien der erste nationale Wettbewerb für Vereinsmannschaften, die Taça Brasil, geschaffen wurde, nachdem zuvor Rio de Janeiro und São Paulo eine Art Monopol darauf besaßen, wurde Pelé zum Wehrdienst eingezogen, spielte dort für die Militär-Nationalmannschaft – und fühlte sich ausgesprochen wohl.

1961 gewann er mit dem FC Santos zum ersten Mal die Taça Brasil. Santos hatte bereits seit 1955 die Regionalmeisterschaft São Paulos beherrscht – dank der Tore der »schwarzen Perle«. Dieser Triumph bedeutete zugleich den Beginn einer der sensationellsten internationalen Erfolgsserien des brasilianischen Fußballs.

1962 erreichte Santos nach einer Reihe von Schützenfesten das Finale der Taça Libertadores, vergleichbar dem Europapokal der Landesmeister. Gegen Penarol Montevideo gewannen Pelé und Co. die erste Partie mit 2 : 1, verloren die zweite mit 2 : 3. Im entscheidenden dritten Spiel machte Santos alles klar: 3 : 0 – und Einzug ins Weltpokalfinale gegen Benfica Lissabon.

In der ersten Begegnung im Maracanã-Stadion gewann Santos 4 : 2, zwei Tore steuerte Pelé bei. Im Rückspiel in Lissabon gestaltete sich die Sache noch einfacher – diesmal setzte es drei Tore von Pelé und eine 2 : 5-Niederlage für die Hausherren. Santos war als erster brasilianischer Verein Weltpokalsieger!

Bei der WM 1962 konnte Pelé nur kurz glänzen: Bereits im zweiten Gruppenspiel gegen die Tschechoslowakei mußte er mit einem Muskelfaserriß ausscheiden. Der brasilianische Radioreporter schilderte damals die dramatische Szene so: »Pelé läuft auf dem Spielfeld, langsam, mit schweren Schritten. Der aufsetzende Ball kommt in seine Richtung, nahe der Außenlinie. Mit rechts tickt Pelé den Ball an, der nur langsam weiterrollt, wenn überhaupt, sich um seinen eigenen Umfang dreht. Pelé stoppt den Ball, und der Tscheche Masopust rennt in Richtung Pelé. Masopust, Pelé und der Ball. Stille im Stadion.« Zito ruft Pelé zu, ihm den Ball mit der Hacke zuzuspielen. Pelé erstarrt in der Bewegung, der tschechische Spieler wartet, bis Pelé den Ball ins Aus schießt. Brasilien verliert seinen König.

Ein Jahr später, 1963, wiederholte Santos den Weltpokalerfolg – auch wenn Pelé selbst, wieder verletzt, in den entscheidenden Finalspielen nicht dabei war. Im Halbfinale der Taça Libertadores wurde zunächst Botafogo mit Garrincha ausgeschaltet. Im Endspiel gewann Santos beide Partien gegen die Boca Juniors aus Buenos Aires, 3 : 2 zu Hause und 2 : 1 in Argentinien.

Diesmal hieß der Gegner im Weltpokalfinale AC Mailand. Ein Verein mit zwei Brasilianern, die heiß auf Santos waren: Amarildo, der noch im Halbfinale der Taça Libertadores für Botafogo gespielt hatte und an Santos gescheitert war, und Mazzola, der bei der WM 1958 seinen Platz in der Nationalmannschaft an Pelé verloren hatte und der, mittlerweile eingebürgert, unter dem Namen Altafini in Italien für Furore sorgte. Mailand gewann zu Hause trotz zweier Treffer von Pelé mit 4 : 2. Im Maracanã-Stadion mußte Santos dann ohne seinen Star auskommen – Pelé war nach heftigen Attacken der Italiener im Hinspiel noch verletzt worden. Trotzdem siegten die Gastgeber erneut mit 4 : 2. 48 Stunden später, wieder im Maracanã-Stadion, das Entscheidungsspiel: Diesmal reicht Santos das 1 : 0 durch einen von Dalmo verwandelten Elfmeter.

1966 in England war Pelé einer der letzten aus den großen 58er und 62er Mannschaften, die noch einmal den Sprung ins WM-Team schafften. Beim 2 : 0 im ersten Spiel gegen Bulgarien steuerte er ein Tor bei, doch vor allem sorgten die insgesamt 23 teils brutalen Fouls von Jetschev und Kitov gegen ihn für Schlagzeilen. Völlig verärgert und entnervt rief Pelé nach dem Spiel die Journalisten zu einer Pressekonferenz zusammen: »Ich werde nie mehr an einer Weltmeisterschaft teilnehmen.« Im nächsten Spiel gegen Ungarn pausierte er, Brasilien verlor mit 1 : 3. Gegen Portugal spielte er dann wieder – aber sehr zurückhaltend. Und wieder wurde er erbarmungslos »gejagt«, diesmal von Coluna, Vicente und vor allem Morais. Pelé versuchte, auf Rechtsaußen auszuweichen, ging jedem Zweikampf aus dem Weg. Es half nichts. Die Portugiesen schafften ihn, degradierten ihn zum Statisten, der humpelnd und bandagiert einen großen Teil des Spiels verbrachte, denn Auswechslungen gab es damals noch nicht. Brasilien agierte wie gelähmt, war allerdings auch spielerisch nicht in der Lage, jenem Team Paroli zu bieten, das den Superstar dieser WM in seinen Reihen hatte: Eusebio. Das 1 : 3 besiegelte das vorzeitige Aus des Titelverteidigers.

Überhaupt lief das Jahr 1966 längst nicht so, wie es sich der erfolgsgewohnte Topspieler des FC Santos vorgestellt hatte: Bei der Taça Brasil, einem Vorläufer der brasilianischen Meisterschaft, gab es in den Finals zwei Niederlagen gegen Tostãos Cruzeiro Belo Horizonte. Im Hinspiel kam Santos in Belo Horizonte mit 2 : 6 unter die Räder, und im Rückspiel reichte selbst ein 2 : 0-Vorsprung nicht zum Sieg. Cruzeiro drehte den Spieß um und gewann mit 3 : 2.

Diese Enttäuschungen motivierten »König Pelé« jedoch von neuem. Das große Ziel war von da an doch wieder eine WM, nämlich die in Mexiko, wo er sich seinen dritten WM-Titel sichern und zeigen wollte, daß er nach wie vor der größte Fußballer aller Zeiten ist.

1969 schoß Pelé im Maracanã-Stadion das Tor, auf das Brasilien schon lange gewartet hatte: das 1000. seiner Karriere – ein Elfmeter gegen Vasco. Wie die Zeitung *Folha de São Paulo* später herausfand, erwies sich die lange und liebevoll gehegte Statistik trotzdem als falsch: Es war schon Pelé-Tor Nummer 1001, einer seiner Treffer für die Militär-Nationalmannschaft war beim Zählen vergessen worden.

Am Mythos des 1000. Tores von Pelé in Maracanã und an seiner anschließenden Aufforderung, etwas für die zahllosen Straßenkinder Brasiliens zu tun, änderte dies aber nichts. Es war das erste Mal, daß sich der spätere Politiker Pelé mit einer politischen Äußerung in die Öffentlichkeit wagte – und das zu Zeiten der Militärdiktatur.

1970 also nahm Pelé seine Äußerungen von 1966 nicht mehr so ganz ernst – entgegen der Aussagen von vor vier Jahren gehörte er nun doch wieder zum Mexiko-Aufgebot, seine insgesamt vierte Weltmeisterschaft. Wieder trug er mit einigen Treffern, darunter auch dem Führungstor im Finale gegen Italien, maßgeblich zum dritten Titelgewinn Brasiliens innerhalb von zwölf Jahren bei.

Doch es war abzusehen, allmählich neigte sich seine große internationale Karriere dem Ende entgegen. 1971, in dem Jahr, in dem erstmals eine offizielle brasilianische Meisterschaft für Vereinsmannschaften eingeführt wurde, mit dem ersten Sieger Atlético Mineiro, spielte Pelé am 11. und 18. Juli zum letzten Mal für die Nationalmannschaft. Erst in São Paulo beim 1 : 1 gegen Österreich, als er sein letztes Tor für die »Seleção« erzielte, dann beim endgültigen Abschied in Rio de Janeiro gegen Jugoslawien. Ein Sieg ausgerechnet in diesem Länderspiel blieb ihm verwehrt, er und Brasilien mußten sich mit einem 2 : 2-Unentschieden begnügen. »Bleib, Pelé!«, forderten die Zuschauer, und in der Kabine zögerte der »König« einen Moment. »Soll ich etwa doch zurückkehren?« fragte er sich. Pelé blieb dabei: kein Rücktritt vom Rücktritt. Zugleich ließ er damit reichlich Spekulationen für seinen nächsten Abschied vom Fußball offen.

1974 spielte Pelé zum letzten Mal für den FC Santos – und hatte zu dem Zeitpunkt eigentlich schon seinen endgültigen

Abschied vom aktiven Sport angekündigt. Doch dann lockte Amerika und auch noch einmal ein Sack voll Dollars – es folgten die Kehrtwendung und die Ankündigung, für Cosmos New York zu spielen. Dort bestritt Pele bis 1977 insgesamt 111 Spiele und schoß noch einmal 65 Tore. Insgesamt hatte er am Ende seiner Laufbahn1279 Tore erzielt, davon 74 in seinen 92 Länderspielen für die brasilianische Nationalmannschaft und 1091 für den FC Santos, und 32 nationale und internationale Titel errungen.

Die Entscheidung, zu Cosmos zu wechseln, hatte für Pelé verschiedene Gründe. In den USA wollte er seine wirtschaftliche Situation konsolidieren. Seine Firma, in der Molkereiprodukte hergestellt wurden, war Ende der sechziger Jahre pleite gegangen. Ein gewisser »Pepé Gordo« (»Der dicke Pepe«), der Pelé einst bei seiner Ankunft in dessen Pension aufgenommen hatte, ließ das Unternehmen durch eine unsolide Führungspolitik in den Abgrund gleiten und soll sich dabei selbst gesundgestoßen haben. Pelé stand mit leeren Händen da, geriet allerdings dank seiner Werbeverträge, unter anderem mit dem Getränkehersteller Pepsi, persönlich in keine größeren Schwierigkeiten. Bei der Wahl seiner Geschäftspartner hatte Pelé ohnehin selten Glück: Meist benutzten Geschäftsleute das Idol als Werbeträger und bereicherten sich an gemeinsamen Projekten. Scheiterte eine der gemeinsamen Unternehmungen, wurde automatisch Pelés Ruf in Mitleidenschaft gezogen. In seiner Zeit in New York knüpfte Pelé wichtige Kontakte und legte dort die Grundlage für sein heutiges Unternehmen Pelé Sports, von dem sich ein Büro in New York befindet. Dem Engagement bei Cosmos verdankt Pelé auch seinen Repräsentanten-Vertrag mit Warner, den er bis Ende der achtziger Jahre, unmittelbar vor Gründung von Pelé Sports, aufrechterhielt.

Der Wechsel zu Cosmos hatte aber auch einen anderen Hintergrund: Aus Italien lagen Pelé lukrative Angebote vor. Auch sportlich reizte ihn die italienische Liga. Doch die Verantwortlichen von Cosmos wußten, wie sie den dreifachen Weltmeister locken konnten: »Wenn du nach Italien gehst, wirst du einen Verein erobern. Wenn du aber zu Cosmos gehst, eroberst du ein ganzes Land.« Fußball war bis dahin in den USA weitgehend unbekannt, auch wenn die Vereinigten Staaten bereits bei der WM 1930 in Uruguay dabei waren. Mit Pelé wurde der Sport erstmals national bekannt, auch wenn in der Anfangszeit die Show im Vordergrund stand und der sportliche Aspekt erst an zweiter Stelle folgte.

Bei Cosmos traf Pelé drei Jahre nach seiner Ankunft auch mit einer anderen Fußballgröße zusammen. »Kaiser« Franz Beckenbauer, Weltmeister 1974 und weltweit der populärste deutsche Fußballer, hatte seinem Stammverein Bayern München soeben den Rücken gekehrt und bei Cosmos angeheuert. Bei Cosmos bildeten sie ein neues Traumduo und gewannen 1977 auch prompt den Meistertitel, mit dem Pelé seine aktive Karriere beendete. »Der Franz und ich, das war schon eine verrückte Zeit«, erinnert sich Pelé, der den Ehrenspielführer der deutschen Nationalmannschaft heute als »einen großen Freund« bezeichnet. Und offensichtlich sind aus jener Zeit zumindest ein paar Brocken Deutsch hängengeblieben, denn wenn Pelé heute deutschen Journalisten begegnet, grüßt er sie gern mit der Übersetzung des portugiesischen »Tudo bem?«: »Alles gut?«

Liefen Geschäfte und Sport in den USA sehr gut, begann für Pelé in dieser Zeit eine Phase persönlicher Rückschläge. Seine Ehe mit Frau Rose ging während der Zeit bei Cosmos endgültig in die Brüche. Über die Gründe wurde viel spekuliert. Pelé selbst gestand ein, während seiner Zeit als Spieler praktisch kein Privatleben geführt zu haben und überall in der Welt herumgereicht worden zu sein. So blieb es der Mutter Rose überlassen, die drei Kinder weitgehend allein aufzuziehen. »Wenn wir uns drei Tage am Stück gesehen haben, war das schon viel«, erinnert sich Rose, die auch nach der Scheidung in New York blieb.

Auch Pelés einziger Sohn Edinho wuchs in den USA auf, kehrte erst nach seiner Schulzeit nach Brasilien zurück und begann dort eine Karriere als Torhüter. Eine Karriere, die sein Vater stets mit Argusaugen beobachtete und auch gewissen Anteil daran hatte, daß sein Sohn 1994 zum Stammtorhüter des FC Santos avancierte und 1995 nur ganz knapp den Meistertitel verpaßte. Eine schwere Verletzung brachte Edinho Ende 1996 eine fast einjährige Pause, jetzt kämpft er wieder um seine Rückkehr. Äußerlich sich zwar sehr ähnelnd, die Stimmen leicht zu verwechseln, haben Edinho und Pelé ansonsten nicht viel gemeinsam. »Edinho muß heute für all die Tore büßen, die sein Vater erzielt hat«, sagte einmal der brasilianische Journalist Armando Nogueira.

Der Einfluß Pelés bei seinem Ex-Verein ist nach wie vor groß. Sein Freund und Rechtsanwalt Samir Abdul Hak ist Präsident des FC Santos, und bei wichtigen Entscheidungen wird Pelé um Rat gebeten. Und wenn es sein muß, greift dieser gelegentlich auch zu drastischen Maßnahmen, so wie Ende 1994, als er den damaligen Präsidenten Miguel Kodja vor die Tür setzte, nachdem der den Verein durch eine völlig undurchsichtige Finanzpolitik in den Ruin gewirtschaftet hatte. Die Präsidentschaft übernahm er allerdings bis heute nicht, fungierte lediglich übergangsweise als sportlicher Direktor.

Nach einiger Zeit, in den achtziger Jahren, hatte Pelé bereits seine Situation als Geschäftsmann konsolidiert. Als Repräsentant des Warner-Konzerns nutzte er andererseits seine Kontakte zugunsten sozialer Belange und wurde Botschafter für zahlreiche karitative Einrichtungen, die meisten von ihnen Kinder-Hilfsorganisationen. Auch privat hatte sich zu Beginn der achtziger Jahre einiges verändert, denn Pelé hatte mit einem jungen Fotomodell eine neue Partnerin gefunden. Ihr Künstlername: Xuxa. Die blonde Schönheit, die von deutschen Einwanderern abstammt, nutzte den Ruhm Pelés zum kometenhaften Aufstieg in eine Show-Karriere. Die Liaison dauerte bis Mitte der Achtziger, dann wechselte Xuxa die Sportart und liierte sich für zwei Jahre mit Rennfahrer Ayrton Senna.

Zur selben Zeit begann dann auch das Rumoren um Pelés Einstieg in die Politik. Doch den ersten Versuch brach er auf Anraten seines Freundes, des ehemaligen Staatspräsidenten Tancredo Neves, ab: »Politik ist eine öde Sache. Das wäre die größte Enttäuschung deines Lebens.«

Ende 1994 war der Zeitpunkt aber dann doch gekommen. Der frisch gewählte Staatspräsident Fernando Henrique Cardoso ernannte Pelé zu seinem Sportminister. Und gleich zu Beginn seiner Amtszeit schickte der Minister eine Warnung an die korrupten Vereinsfunktionäre des Landes: »Die Zeiten der Sklaverei im Fußball sollen ein Ende haben.« Schwerpunkt seiner Amtszeit war dann auch die Ausarbeitung eines neuen Sportgesetzes, nach dem Profifußballer nach Auslaufen ihres Vertrages frei über ihren neuen Arbeitgeber entscheiden können und nicht mehr, wie bisher, vom Willen ihres Ex-Vereins abhängen. Weitere wesentliche Neuerungen des »Lei Pelé«: Die Profi-Vereine sollen die Möglichkeit haben, sich in Kapitalgesellschaften umzuwandeln. Bleiben sie bei ihrer alten Struktur, verlieren sie automatisch die Gemeinnützigkeit. Damit soll korrupten Funktionären der Zugang zu illegalen Transaktionen verschlossen oder zumindest erschwert werden.

Mit dem neuen Gesetz wagte sich Pelé auf gefährliches Terrain. Auch sein Vorgänger Zico hatte versucht, die sklavenähnlichen Verhältnisse im brasilianischen Fußball zu bekämpfen, war letztlich jedoch gescheitert und soll von den Seilschaften der Funktionäre zum Teil persönlich schwer unter Druck gesetzt worden sein. Auch Pelé mußte sich zwischenzeitlich mit einer drohenden Opposition auseinandersetzen, doch auch in Brasilien haben sich die Winde gedreht, werden Korruption und menschenverachtende Geschäftsgebaren von der Öffentlichkeit nicht mehr stillschweigend akzeptiert. Dies dürften auch die Abgeordneten von Kongreß und Senat bei ihrer Zustimmung zum »Lei Pelé« berücksichtigt haben. Im Februar '98 nahm das Gesetz die letzte parlamentarische Hürde.

Neben der neuen Sportgesetzgebung setzte sich Minister Pelé vor allem für Kinder- und Jugendprojekte und den Breitensport ein. In einigen Regionen konnte die Jugendkriminalität mit Hilfe der Sportprojekte deutlich gesenkt werden, besonders in Metropolen wie Rio de Janeiro. Langfristig soll ein Netz von Olympia-Stützpunkten über das gesamte Land gezogen werden, um gleiche Verhältnisse für alle zu schaffen. Die meisten der Projekte werden von privaten Trägern unterstützt.

Noch vor Beginn seiner Amtszeit als Minister hatte Pelé am 30. April 1994 zum zweiten Mal geheiratet. Mit Assíria, einer Protestantin und von Beruf Psychologin, wollte er endlich eine

»echte Familie« gründen, sich mehr Zeit für sein Privatleben nehmen. Ein Wunsch, den er angesichts seiner Verpflichtungen nur teilweise verwirklichen konnte. Kurz nach dem Tod seines Vaters Dondinho wurde Pelé im November 1996 erneut Vater: Diesmal waren es Zwillinge. Celeste, die den Namen von Pelés Mutter erhielt, und Sohn Joshua kamen zwar einige Wochen früher als geplant zur Welt, Komplikationen traten aber nicht ein. Höchstens bei Pelé selbst, denn der war erstmals bei einer Geburt dabei. »Es war das erste Mal, daß ich den König weiß gesehen habe«, scherzte einer seiner Freunde über den leidenden Vater.

Heute sieht Pelé seine Persönlichkeit mit seinen 57 Jahren voll realisiert. »Ich bin für den Tod gewappnet«, sagt er. Noch voller Pläne und Elan, betrachtet er seine Aufgabe als erfüllt: »Der Bürger Edson Arantes do Nascimento hat alle Höhen und Tiefen des Lebens gemeistert, gelacht, geweint, viele Schmerzen erleiden müssen, viele Triumphe ausgekostet. Er ist sterblich. Pelé ist dagegen unsterblich, wird immer der Traum aller Kinder bleiben, wird immer strahlen, wird nie Schmerzen spüren müssen.« In der Tat: Viele große Fußballer folgten Pelé, doch keiner reichte jemals an ihn heran. Oder wie es der Radiojournalist Milton Neves einmal ausdrückte: »Ein Maradona wird vielleicht alle hundert Jahre geboren. Pelé? Nie und niemals wieder!«

Nilton dos Santos
** Rio de Janeiro, 16. Mai 1925*
Carioca von Geburt und im Herzen, spielte Nilton dos Santos während seiner gesamten Karriere lediglich für einen einzigen Verein: für Botafogo in Rio – von 1948 bis 1964. Dort galt er unter anderem auch als Hauptförderer und Freund von Stürmer Manê Garrincha.

Nilton dos Santos, Spitzname »Enzyklopädie des Fußballs«, kreierte als linker Abwehrmann die Rolle des Offensiv-Verteidigers; er liebte das Spiel nach vorn, war technisch stark und sicher im Dribbling – völlig neue Tugenden zu einer Zeit, in der es noch absolut unüblich war, daß Außenverteidiger jemals die Mittellinie überquerten.

Die Schlüsselszene ereignete sich bei der WM 1958, als er im Spiel gegen Österreich zum Entsetzen von Trainer Feola genau das tat: die Mittellinie überschreiten. Nach einem Paß zu Stürmer Mazzola forderte Santos den Ball mit einem Schimpfwort zurück, bekam das Leder und erzielte sein erstes Tor für die Nationalmannschaft. Dies bedeutete gleichzeitig den Beginn einer neuen Entwicklung im modernen Fußball, das Ende der ausschließlich in der Abwehr postierten Verteidiger.

Nilton dos Santos glänzte stets durch große Spielübersicht und -intelligenz. Er nahm an insgesamt vier Weltmeisterschaften teil: 1950 noch als Reservist, von 1954 bis 1962 dann als Stammspieler. Er war maßgeblich am Gewinn der beiden Weltmeistertitel 1958 und 1962 beteiligt, nicht nur wegen seiner fußballerischen Qualitäten, sondern auch wegen seiner Rolle als Leitwolf innerhalb der Mannschaft. Trotzdem trug er nie die Kapitänsbinde. 1962 war er einer der besten Spieler, trotz seines Alters von bereits 36 Jahren. Insgesamt bestritt er 75 Länderspiele für Brasilien und erzielte drei Tore.

Nach seiner aktiven Zeit blieb er dem Fußball immer verbunden – allerdings auch sehr kritisch. Lieblingsziel seiner Attacken waren immer jene Nationalmannschaften Brasiliens, die ohne echten Flügel spielten, besonders das Team Lazaronis bei der WM 1990 in Italien. »Brasilien wurde mit einem Garrincha und einem Jairzinho Weltmeister«, lautete sein unmißverständlicher Kommentar.

Er kritisierte aber auch die Parreira-Truppe nach deren Niederlage im WM-Qualifikationsspiel in Bolivien 1993, als das Team die Schuld auf die ungewohnte Höhenluft zu schieben versuchte: »Ich habe schon oft in La Paz gewonnen. Der Ball muß halt mehr laufen als die Spieler.«

Heute arbeitet er in Brasília an einer Fußballschule der Regierung, an der Kinder aus bedürftigen Familien ausgebildet werden. Eine Arbeit, die zu seiner Persönlichkeit und zu seinem Lebensstil paßt. Trotz seiner großen Erfolge zog er es immer vor, bescheiden zu leben.

Der »Geburtshelfer« des brasilianischen Fußballs war ein Engländer: Charles Miller, Mitinitiator des überhaupt ersten offiziellen Spiels in Brasilien und Torjäger jener Mannschaft, die die erste Meisterschaft São Paulos 1902 gewann.

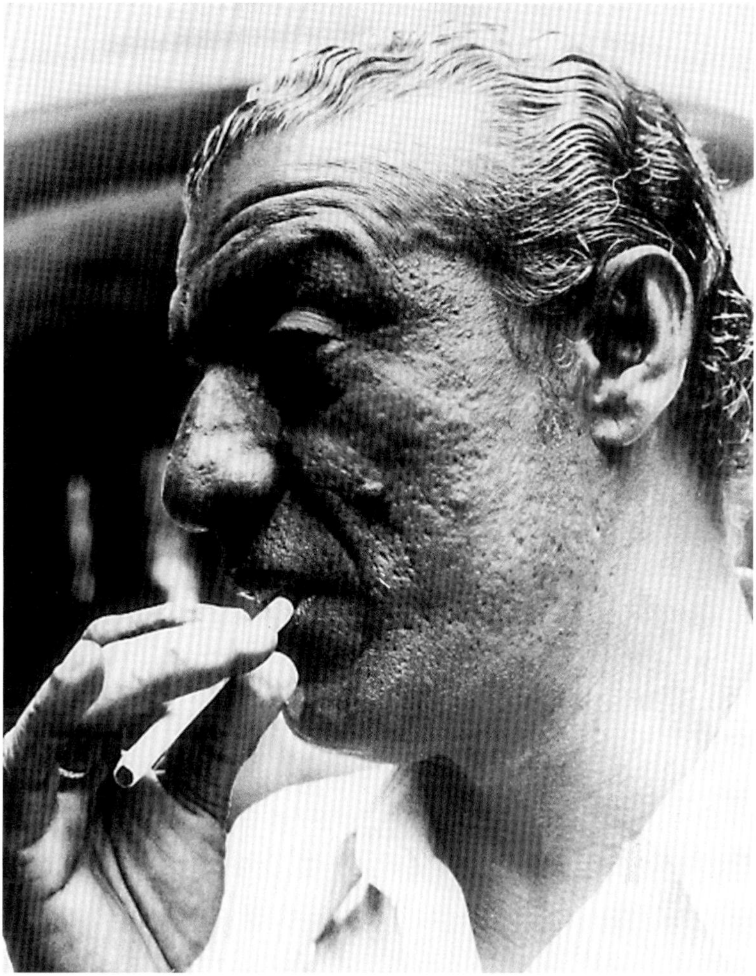

◁ *Der deutschstämmige Arthur Friedenreich (unten links), genannt »El Tigre«, war der Star der Anfangsjahre. Er erzielte in seiner Laufbahn mehr Treffer als Pelé, zu dessen Vorgängern wiederum vor allem Leônidas, der WM-Torschützenkönig 1938, zählte (oben). Besonderes Markenzeichen: Fallrückzieher. Vor der WM-Endrunde 1998 im Ausland ein begehrter TV-Gesprächspartner, in seiner Heimat seit 48 Jahren verschmäht: Moacir Barbosa, 1950 Torhüter im entscheidenden Spiel gegen Uruguay …*

Er war der kompletteste Spieler vor der Ära Pelé: Zizinho, heute 75 und ein ausgesprochener Basketball-Fan.

Ruy Castros »Einsamer Stern«; das Buch über Garrinchas Leben und langsames Sterben, wurde zum Bestseller (oben). – Endlich! Der erste WM-Titel! Fassungs- und hemmungslos weint der 17jährige Pelé an der Brust seines Torhüters Gilmar.

Das zärtliche Kraftpaket Djalma Santos, viermaliger WM-Teilnehmer. Das »Gegenstück zu Nilton Santos« lebt heute in der Kleinstadt Uberaba, wo »mein Leben die wahre Ruhe ist«.

Zito konnte sich das erlauben: Pelé einen Esel nennen und als Laufburschen benutzen … Dafür war er auch Brasiliens bester defensiver Mittelfeldspieler aller Zeiten (oben), der beim Titelgewinn 1962 genauso überzeugend Pelé-Ersatz Amarildo (unten) den Rücken freihielt.

Als Nationaltrainer durfte der schwergewichtige Vicente Feola von 1958 bis 1966 die ganze Bandbreite der Emotionen in seiner Heimat auskosten – 1958 einer der meistgeliebten Zeitgenossen, acht Jahre später einer der meistgehaßten, als das Team vorzeitig ausschied.

Obwohl Weltmeister-Trainer 1962, mußte Aymoré Moreira vier Jahre später in England wieder Vicente Feola ans Ruder lassen.

1994 noch »Untergebener« von WM-Coach Carlos Alberto Parreira (rechts), soll es Mario Zagalo (links) 1998 – wie schon 1970 – erneut richten. Nur der Italiener Vittorio Pozzo hat als Trainer bisher zweimal (1934/1938) ein Team zum Titel geführt.

Djalma Santos
** São Paulo, 27. Februar 1929*
Das »Gegenstück« von Nilton Santos auf der rechten Seite, gilt Djalma Santos noch heute als einer der besten Rechtsverteidiger aller Zeiten. Er profitierte stets von seiner starken Technik und war außerdem mit einer überragenden Physis ausgestattet. So konnte er Einwürfe in regelrechte Flanken umwandeln, die Bälle erreichten den gegnerischen Strafraum.

Doch trotz seiner physischen Stärke suchte er nie die übertriebene Härte. Er bevorzugte das elegante Spiel und erhielt in seiner Karriere keinen einzigen Platzverweis. 1963 wurde er als einziger Brasilianer in eine FIFA-Auswahl berufen, die zum 100. Geburtstag des englischen Fußballs im Wembleystadion ein Freundschaftsspiel gegen den dortigen Verband bestritt.

Er begann seine Laufbahn bei Portuguesa, wechselte dann zu Palmeiras und beendete seine Karriere nach 22 Jahren bei Atletico Paranaense. Über Jahrzehnte hielt er den brasilianischen Länderspielrekord mit 100 Spielen zwischen 1952 und 1968 und war einziger Brasilianer im erlauchten »Klub der Hunderter«. Er nahm an vier Weltmeisterschaften von 1954 bis 1966 teil, wurde dabei 1954 zum besten rechten Verteidiger gewählt und 1958 und 1962 Weltmeister. In der Nationalmannschaft erzielte er drei Tore.

Heute lebt Djalma in Uberaba, einer Kleinstadt im Bundesstaat Minas Gerais und gibt dort Unterricht an einer Städtischen Fußballschule. »Hier ist mein Leben die wahre Ruhe«, sagt Djalma, der sein Wettkampfgewicht über die Jahre scheinbar mühelos halten konnte.

Gilmar dos Santos Neves
** Santos, 22. August 1930*
Gilmar gilt als bester brasilianischer Torhüter aller Zeiten. Er war der Torhüter der Weltmeistermannschaften von 1958, 1962 und auch 1966 in England noch mit dabei. Seine Stärken waren seine Ausgeglichenheit, sein Mut und auch seine Statur, dazu schnelle Reflexe, eine sichere Ausstrahlung und die Fähig-

keit, sowohl nach tollen Paraden als auch bösen Fehlern nicht die Fassung zu verlieren.

Er bestritt im Laufe seiner Karriere 95 Länderspiele und holte zwischen 1951 und 1968 insgesamt zwölf nationale und internationale Titel für Corinthians und Santos. Zwischen 1951 und 1961 spielte er beim Traditionsclub Corinthians, zwischen 1962 und 1969 dann für den FC Santos, mit dem er 1962 und 1963 Weltpokalsieger wurde. Sein Debüt im Nationalteam gab er bereits am 1. März 1953, beim 8 : 1 gegen Bolivien. Am 12. Juni 1969 bestritt Gilmar sein letztes Spiel für die »Seleção«: Brasilien besiegte in jenem Spiel den amtierenden Weltmeister England mit 2 : 1.

1985 übernahm Gilmar zwischenzeitlich den Posten des Supervisors der Nationalmannschaft unter Trainer Evaristo Macedo. Heute ist er Besitzer von zwei Auto-Vertretungen in São Paulo und liebt beschauliche Spaziergänge mit seiner Familie im Ibirapuera-Park.

Hideraldo Luiz Bellini
** Itapira/São Paulo, 7. Juni 1930*
Er war der Kapitän der Weltmeistermannschaft von 1958, ein Zentralverteidiger mit dem Spitznamen »Eisenfuß«, der hart, aber nie unfair zu Werke ging.

Mit seinem Namen verbunden ist ein Brauch, der inzwischen allgemein üblich ist: Als erster Weltmeisterkapitän reckte er den Weltpokal triumphierend über seinen Kopf hinaus. Wie die Legende sagt, aus einem ganz banalen Grund: weil die kleingewachsenen brasilianischen Fotografen ihn darum baten.

Seine größte Stärke lag nicht unbedingt auf dem Spielfeld, sondern in seiner Persönlichkeit, die ihn bei Vasco und in der Nationalmannschaft zur Leitfigur machten.

Bei der WM 1962 war er lediglich Reserve seines Nachfolgers Mauro und verfolgte die Titelverteidigung von der Bank aus. 1966 verabschiedete er sich nach 51 Partien aus der Nationalmannschaft, drei Jahre später beendete er endgültig seine aktive Karriere bei Atletico Paranaense.

Der zweite Titel – die WM 1962 in Chile

Bei der WM in Chile entschied sich die brasilianische Führung, zum ersten Mal mit der nahezu gleichen Besetzung wie bei der vorherigen WM anzutreten. Der neue Trainer Aimoré Moreira änderte im Gegensatz zu Vorgänger Feola lediglich die taktische Formation. Statt des offensiven 4–2–4 ließ er wieder ein konservatives 4–3–3-System spielen. Der Wille, in Chile um jeden Preis mit der gleichen Besetzung wie in Schweden anzutreten, ging so weit, daß Mannschaftsarzt Hilton Gosling beim in glänzender Verfassung spielenden Mittelfeldregisseur Benê vom FC São Paulo bewußt fälschlicherweise Herzprobleme diagnostizierte, um diesem die Nominierung zu verbauen. Mit Mauro und Zózimo rückten lediglich zwei Reservisten von 1958 an die Stelle von Bellini und Orlando. Auch oder gerade weil die Himmelsstürmer von Schweden vier Jahre älter geworden waren, galt Brasilien als turmhoher Favorit.

Zum Auftakt hieß der Gegner wieder einmal Mexiko. Pelé und Zagalo stellten in der zweiten Halbzeit den 2 : 0-Sieg sicher. Alles schien souverän und ruhig zu laufen, doch schon im zweiten Gruppenspiel gegen die Tschechoslowakei sollte sich ein Drama ereignen. Ganz Brasilien fieberte am Radio mit, als Pelé mit einem Muskelfaserriß ausscheiden mußte. Die brasilianische Mannschaft hatte ihren Kopf verloren.

Im folgenden Gruppenspiel gegen Spanien nahm Amarildo Pelés Platz ein. Und der wandelte mit zwei Toren einen 0 : 1-Rückstand nach der Halbzeitpause in ein 2 : 1 für Brasilien um. Eines der beiden Tore wurde von Garrincha vorbereitet, der zuvor fast die gesamte spanische Abwehr ausgespielt hatte. Ein Brasilianer war mit einer besonderen Motivation in die Partie gegen die Spanier gegangen: Didi, der zuvor gemeinsam mit

Alfredo di Stefano und Ferenc Puskás bei »den Königlichen« von Real Madrid gespielt hatte, wollte sich für die Verbannung aus dem Team der Madrilenen revanchieren, die von Di Stefano eingefädelt worden war. Der wollte nämlich keinen zweiten Star im Mittelfeld neben sich haben und hatte deshalb den Verkauf Didis durchgesetzt. Vor dem Spiel gegen Brasilien klagte der gebürtige Argentinier, ebenso wie der Ungar Puskás eingebürgert, über eine leichte Verletzung. Beobachter vermuteten allerdings, daß di Stefano »die Rache« Didis fürchtete und sich deshalb vorsichtshalber krank meldete. Didi lieferte ein großes Spiel, schob Puskás gar den Ball zwischen den Beinen hindurch ...

Im Viertelfinale traf Brasilien auf die Engländer. Der Mann des Spiels hieß Garrincha, der zwei Treffer zum 3 : 1-Erfolg beisteuerte, einen sogar per Kopf. Eine Seltenheit. Vavá erzielte Tor Nummer drei. In jeder Halbzeit lief übrigens ein Hund aufs Spielfeld. Garrincha konnte sich nach dem zweiten Mal nicht mehr halten vor Lachen. Den Engländern war selbiges allerdings vergangen. »Garrincha war der Mann, der uns 1962 geschlagen hat«, erinnerte sich der inzwischen leider schon verstorbene Bobby Moore später. »Ich werde ihn fertigmachen, der geht keinen einzigen Schritt«, hatte derselbe Moore noch vor der Partie gedroht ... Nach dem Spiel fühlte sich der englische Libero förmlich am Boden zerstört; ein um's andere Mal hatte ihn Garrincha ausgespielt, hatte nach einem Dribbling gewartet, bis sich Moore wieder erhob, hatte mit der gleichen Leichtigkeit gespielt wie einst auf den Bolzplätzen seiner Heimatstadt Pau Grande.

Im Halbfinale ging es dann gegen Gastgeber Chile. Garrincha brachte Brasilien gleich zu Beginn mit zwei Treffern in diesem äußerst harten Spiel in Führung. Vavá legte in der zweiten Hälfte noch zwei Treffer drauf, 4 : 2 hieß es am Ende. Doch Brasilien schien den Einzug ins Finale teuer bezahlen zu müssen. In der zweiten Halbzeit mußte Garrincha ein brutales Foul seines Gegenspielers Rojas hinnehmen. Garrincha revanchierte sich, tat das jedoch dummerweise in der Nähe des Linienrichters. Der peruanische Unparteiische Yamazaki verwies

Garrincha und Rojas daraufhin des Feldes. Als Garrincha den Platz verließ, wurde er sogar von einem Stein getroffen, zum Glück aber ohne Folgen.

Garrinchas Platzverweis zog eine wahre Hysterie in Brasilien nach sich. Selbst der Staatspräsident wurde »angerufen«. Als Hauptzeuge der Disziplinarkommission war Linienrichter Esteban Marino (Uruguay) geladen. Zwei Tage vor dem Endspiel in Santiago. Da dieser aber nicht zu der Beratung über das Strafmaß erschien, wurde die Angelegenheit zu den Akten gelegt. Garrincha konnte zum Finale auflaufen. Bekannt ist inzwischen, daß ein Funktionär des brasilianischen Verbandes Esteban Marino am Vormittag vor der Verhandlung aufgesucht und ihm ein Flugticket nach Montevideo nebst 3000 Dollar in die Hand gedrückt hatte mit den Worten: »Sie werden doch wohl Ihren Flug nicht verpassen wollen, Herr Marino. Der Flieger geht um vier.« Marino verpaßte den Flieger nicht ...

Im Endspiel stand Brasilien Außenseiter Tschechoslowakei gegenüber. Der ging durch Masopust in Führung, Amarildo glich jedoch eine Minute später aus. Erst in der 69. Minute fand Brasilien eine Lücke in der tschechischen Abwehr: Auf Flanke von Amarildo köpfte Zito zum 2 : 1 ein. Mit dem dritten Treffer sicherte Vavá den zweiten Titelgewinn für Brasilien. Garrincha war zwar wider Erwarten dabei, wenn auch wegen einer Grippe nicht mehr in Topform und eher sporadisch am Ball. Doch auch das reichte, um die tschechische Hintermannschaft neunzig Minuten lang zu beunruhigen. Brasilien war erneut Weltmeister. Ohne Pelé diesmal, aber mit einem alles überragenden Garrincha. Stark auch die Abwehr, die während des gesamten Turniers lediglich fünf Treffer zuließ.

Die WM-Stars 1962

Manoel Francisco dos Santos »Garrincha«
** Pau Grande/Rio de Janeiro, 22. Oktober 1933*
† 20. Januar 1983

Die Beliebtheit eines Stars läßt sich manchmal auch an der Zahl seiner Spitznamen ablesen. Garrincha hatte gleich drei davon: »Manê«, dann »Freude des Volkes«, »Alegria do Povo«, wegen seiner Art zu spielen, die die Leute zum Lachen brachte, weil er andere Spieler durch seine Finten so schön »vernaschte«, und schließlich »Garrincha«. Das ist ein kleiner Vogel – sehr bekannt in Brasilien –, der schnell die Richtung wechselt. Er erhielt den Namen dieses Vogels als Spitznamen, weil er selbst nach einer Serie schwerer Fouls wieder aufstand und weiterspielte, als ob nichts gewesen wäre.

Garrincha wurde am 28. Oktober 1933 in Pau Grande, einem armen Vorort von Rio de Janeiro, geboren. Kein Junge spielte mehr und länger als er. Wo er auch einen Ball sah, konnte er seine Leidenschaft nicht zügeln, spielte vom frühen Morgen bis zum Sonnenuntergang.

Bis zum Alter von 19 Jahren versuchte er sein Glück in Amateurmannschaften. Häufig ging er zum Probetraining von Vasco, Fluminense und São Christovão, verzichtete aber, als er die Menschenmenge von Mitbewerbern sah. Erst nach seiner Hochzeit sah er sich gezwungen, mit dem Fußball Geld zu verdienen.

Seine ersten Sporen verdiente er sich in der Reservemannschaft von Botafogo. Kommentar der Zuschauer beim ersten Training, als sie den Spieler mit den krummen Beinen sahen: »Es muß Botafogo wirklich schlecht gehen, wenn sie jetzt schon Behinderte zum Probetraining einladen.« Wie sich die Zaungäste doch täuschen sollten ...

Nach überzeugenden Vorstellungen in der Reserve bekam Garrincha die Chance, bei der Profimannschaft mitzutrainieren. Linker Verteidiger, also Gegenspieler des Rechtsaußen Garrincha, war Nilton Santos. Gleich den ersten Ball spielte

Garrincha dem Star-Verteidiger durch die Beine. Dann einen zweiten, einen dritten. Nilton Santos eilte auf Trainer Cardoso zu und beschwor ihn, den krummbeinigen Stürmer zu verpflichten. »Stellen Sie sich vor, der spielt gegen uns. Ich könnte keine Nacht mehr schlafen«, fürchtete Santos.

Garrincha nannte alle linken Verteidiger fortan »João«. Nicht aus Verachtung, sondern weil er sich deren Namen nicht merken konnte. Mit seinen Dribblings kreierte er den Begriff »Reihe machen«: Die gegnerischen Abwehrreihen hatten hinter dem Gegenspieler Garrinchas einen zweiten Verteidiger postiert, um »dichtzumachen«, dahinter einen dritten, einen vierten »Absicherer«. Umsonst. Garrincha umspielte den ersten, den zweiten, den dritten und vierten Abwehrspieler und entledigte sich der »Reihe«.

Seine Spielweise provozierte erstmals auch das heute berühmte »Olé« unter den Zuschauern. Bei einer Testspielreise mit Botafogo nach Mexiko spielte sein Team gegen River Plate Buenos Aires. Jedesmal, wenn er seinen Gegenspieler Vairo, seines Zeichens Nationalspieler, versetzte, schrien die mexikanischen Zuschauer »Olé«. Garrincha »importierte« das »Olé« anschließend in die brasilianischen Stadien.

Größtes Phänomen Garrinchas waren seine Dribblings. Er schaukelte seinen Körper nach links und zog rechts an seinem Gegenspieler vorbei. Die Frage lautete, warum seine Gegenspieler ihn nicht neutralisieren konnten, wenn sie seine einzige Finte kannten. Eine Erklärung waren Garrinchas Beine. Das rechte war ein O-, das linke ein X-Bein. Außerdem war das rechte Bein sechs Zentimeter kürzer als das linke. Garrincha hatte also ständig »Schlagseite«, daher konnte er ständig schneller losssprinten als sein Gegenspieler. Eine andere Erklärung hatte der Sportjournalist Mário Filho zur Hand. Er erklärte die Fähigkeit Garrinchas mit dessen Hang zur Jagd in dessen Kindheit. Garrincha sei ein »verkehrter« Jäger gewesen, habe seine Aufmerksamkeit der Beute gewidmet. »Man kann Garrincha nur verstehen, wenn man ihn mit einer Beute vergleicht. Es waren die Vögel, Wasser- oder Waldtiere, die ihm seine größten Tugenden im Fußball zeigten. Die Tiere beobachteten ihn, um seine geringste Bewegung zu erahnen. Unzählige Male umdribbelten sie ihn, rollten sich auf dem Boden, rafften sich wieder auf. Garrincha fühlte sich in der Gegenwart eines Verteidigers wie eines dieser Tiere. Er folgte seinem Instinkt. Er schaute seinem Gegenspieler nicht in die Augen, er schaute auf dessen Beine. Plötzlich tat er so, als ob er loslaufen würde. Wandte seinen Körper also in eine Richtung, um sein Dribbling zu starten – brach aber jäh ab in dem Moment, als auch der Gegenspieler den Körper in die vermeintliche Garrincha-Richtung bewegte. Nun erst bewegte sich Garrincha in die andere. Es war der Fall zur richtigen Seite.«

War er neben Pelé, Didi und Vavá schon eine der schillernden Figuren der Weltmeisterschaft in Schweden gewesen, so gewann er die WM '62 praktisch im Alleingang, Pelé war in der Vorrunde gegen die Tschechoslowakei verletzt ausgefallen, alle Last lag nun auf ihm. Besorgt um seinen Mannschaftskameraden, fragte Garrincha Delegationsleiter Carvalho, ob er nicht die Vorbeterin aus Pau Grande einfliegen lassen solle. Carvalho mußte alle Künste aufbringen, um seinen besten Spieler zu »umdribbeln« und ihn von dieser Idee abzubringen. Garrincha, von Hause aus Rechtsaußen, war fortan überall auf dem Spielfeld zu finden, übernahm die gesamte Verantwortung.

Die womöglich schönste Szene der WM '62 ereignete sich in den Schlußminuten des Finals gegen die Tschechoslowakei: Beim Stand von 3 : 1 längst zugunsten Brasiliens entschieden, schien Garrincha, der große Star der WM, noch einmal die alten Zeiten in Pau Grande aufleben lassen zu wollen. Jene Zeiten, in denen Taktik keine Rolle spielte und er mit seinem Freund Pincel ein furchterregendes Angriffsdoppel bildete. Garrincha schnappte sich den Ball, umspielte den ersten, den zweiten, den dritten, noch einmal den ersten, den vierten, noch einmal den zweiten Tschechen, dribbelte nach rechts, nach links, nach vorn, nach hinten, bis er plötzlich überrascht innehielt. Weit und breit kein Gegenspieler zu sehen. Seine Gegner hatten resigniert, waren stehengeblieben, schauten wie hypnotisiert auf Garrincha und warteten, was dieser nun tun würde. Ein Standbild im Fernsehzeitalter. Die Zuschauer im

Stadion blickten zunächst schweigend auf das Spielfeld, spendeten dann einen schier endlosen Beifall.

Der große Zauber sollte aber schon bald nach der WM immer weiter nachlassen. Zwar glänzte Garrincha in der Folgezeit noch eine Weile bei seinem Stammverein Botafogo, doch wurden in den Jahren nach dem Gewinn des zweiten WM-Titels die ersten Spuren des physischen Verschleißes sichtbar. Der Raubbau, den die Vereinsfunktionäre an Garrinchas Gesundheit betrieben hatten, der Marathon von Spielen, den Garrincha auf sich nehmen mußte, machten eine Knieoperation unumgänglich. Zuletzt hatte er sich häufiger beim Arzt als auf dem Trainingsplatz aufgehalten.

In Brasilien war Garrincha mittlerweile zu einer der gefragtesten Persönlichkeiten aufgestiegen. Pau Grande, einst ein unbekanntes Nest, war zu einem Wallfahrtsort bekannter Persönlichkeiten geworden. Dort, wo sich Garrincha stets vor wichtigen Spielen Botafogos aufhielt – Trainingslager verabscheute er –, standen die Menschen zum Teil Schlange, um den zweifachen Weltmeister zu sehen. Der hatte 1962 die Sängerin Elza Soares geheiratet, nachdem er sich einige Zeit zuvor von Frau Nair scheiden ließ. Elza sollte für Garrincha lange Zeit eine wichtige Stütze bedeuten, sollte ihn zumindest zeitweise von seinem größten Feind, dem Alkohol, fernhalten. Die Droge Alkohol beschleunigte vermutlich in noch stärkerem Maße als die relativ rasch überstandene Operation den sportlichen Abstieg des legendären Dribbelwunders. »Es gibt Tage, an denen ich eine Leere in mir spüre und ich mich fühle, als ob ich nichts mehr in meinem Körper habe. In diesen Stunden scheint mich nur der Alkohol stützen zu können«, sagte Garrincha einmal.

Trotz des nahenden Karriereendes machten die Funktionäre von Botafogo noch einmal großes Geld, als sie Garrincha nach São Paulo an Corinthians verkauften. Dort hatte er jedoch seinen Zenit bereits überschritten. Und auch bei Flamengo, seinem Lieblingsverein, blieb er nur kurze Zeit, weil der Körper immer häufiger seinen Dienst versagte. Die Vereinsbosse Botafogos, die vor allem Garrincha die glorreichen Jahre des Clubs verdanken konnten, hatten ihren Starspieler seit jeher an der

Nase herumgeführt, ihm das gezahlt, was sie wollten. Garrincha hatte nie reklamiert, hatte sich vor vielen Spielen – vor allem nach der WM 1962 – fit spritzen lassen, ohne Rücksicht auf seine Gesundheit. Garrincha war ein Spielball der Manager, mit dem sich trefflich Geld verdienen ließ.

Doch nicht nur bei seinen Vereinen, auch in der Nationalmannschaft mußte Garrincha einen eher tristen Abschied nehmen. Eigentlich wollte er bei der WM in England seinen dritten Titel mit nach Hause bringen. Doch schon bald wurde klar, daß mit der völlig unstrukturierten Truppe auf der Insel nichts zu holen war. Auch Garrincha selbst war von der Form der Weltmeisterschaften 58 und 62 weit entfernt, nach der Niederlage gegen die Ungarn nahm ihn Trainer Feola aus der Mannschaft. Und gerade dieses Spiel war das 50. seiner Karriere und gleichzeitig sein letztes. In der ersten WM-Begegnung zuvor gegen die Bulgaren hatte er sein letztes Tor im National-Trikot erzielt, zwölf waren es während seiner gesamten Karriere. Ungezählt die Dribblings, die die gegnerischen Abwehrreihen in Verzweiflung stürzten und Tore vorbereiten halfen.

Der triste Abschied aus dem Nationalteam, das Scheitern bei den Massenclubs Corinthians und Flamengo ließen ihn schon bald in Vergessenheit geraten. Brasilien hatte nach dem Gewinn der WM 1970 neue Helden, Garrincha war lediglich ein Relikt aus der Vergangenheit. 1973, an seinem 40. Geburtstag, beklagte er sich in Gegenwart eines Journalisten und seiner zweiten Frau Elza Soares, daß sich keiner seiner alten Freunde mehr blicken ließe, sich alle von ihm abgewandt hätten. »Keiner hat angerufen. Nicht nur heute an meinem Geburtstag. Ich habe schon lange keinen Besuch mehr empfangen.«

Im Januar 1972 hatte er noch einmal versucht, die Zeit auszutricksen. Bei Olaria, einem kleinen Verein in Rio de Janeiro, sollte er noch einmal die Massen mobilisieren, auch wenn er fußballerisch die Erwartungen schon längst nicht mehr erfüllen konnte. Ein Sponsor hatte ihn eingekauft. und um in Form zu kommen, ließ er sich mit den anderen Spielern – die meisten von ihnen am Anfang ihrer Karriere – im Trainingslager einquartieren. Als ihm ein Bett in der Mitte des Schlafsaals zugeteilt wurde, lehnte er ab. »Ich will ein Bett an der Wand. Wenn ich mich im Bett umdrehe, muß es in irgend eine Richtung sein. Ich brauche also eine Wand«, forderte Garrincha bierernst. Zum ersten Spiel Olarias gegen Flamengo waren 50 000 Menschen ins Maracanã-Stadion gekommen, ohne Garrincha wäre es sicher nicht einmal ein Viertel dessen gewesen. Kurz darauf verließ er den Verein wieder, denn der Körper verweigerte endgültig seine Dienste, auf höchstem Niveau dem Ball nachzujagen. Garrincha schnappte sich wortlos die kleine Tasche, mit der er gekommen war, und verabschiedete sich für immer von der großen Bühne des Profifußballs.

In der Folge nahm er Angebote von Provinzvereinen an, die ihm ein gutes Salär bezahlten und von der Rückkehr des großen Garrincha träumten. Doch gerade Garrincha war es, der Erinnerungen verabscheute wie kein anderer. »Was zählt, ist das Heute. Was gestern passiert ist, hat überhaupt keinen Wert. Ich will nicht über das Gewesene sprechen, lebe von der Gegenwart und den Dingen, die ich morgen tun werde. Meine Erinnerungen bewahre ich in einem Safe und mag es nicht, dessen Tür zu öffnen«, sagte er einmal. Doch die Gegenwart, in der er nach seiner Profi-Karriere lebte, war alles andere als ermunternd. Die Frauen, die ihm einst in Massen nachgelaufen waren und Schlange standen, um mit ihm die Nacht zu verbringen, hatten sich ob seiner Alkoholsucht längst von ihm abgewandt. Garrincha war längst nicht mehr der smarte Eroberer ... Und er selbst lieferte wohl die treffendste und ernüchterndste Begründung für den Umstand, daß sich auch die besten Freunde von ihm fernhielten: »Ich war im Fußball und Privatleben wie Christus. Und ich weiß, daß, wenn Vereinspräsidenten einen Spieler zurechtweisen, gepfiffen und gesagt wird: ›Du denkst wohl, ich bin ein Garrincha?‹ Ja, so ist das nun einmal, ich bin zu einem Sinnbild für das geworden, was man aus seinem Leben niemals machen sollte.«

Einige Freunde hatten Garrincha dann aber doch nicht vergessen und organisierten ein Abschiedsspiel für ihn. 133 555 Menschen kamen noch einmal ins Maracanã-Stadion, um das Adios des fröhlichen Vogels zu erleben, den kein Verteidiger zu fassen bekam. Der Erlös des Spiels reichte aus, um ein Haus, einen Mercedes-Benz und Appartements für seine acht Töchter aus erster Ehe zu kaufen, in eine Churrascaria zu investieren, in der die Auftritte von Elza Soares die Hauptattraktion sein sollten. Doch der Schein eines bürgerlichen Lebens trog. Auch wenn 1975, nach dem Tod seiner ersten Frau, die fünf ledigen Töchter zu ihm und Elza Soares zogen und in der neuen Wohnung mittlerweile 22 Menschen lebten.

Doch der Ruf der Stadien war zu laut. Wochenlang reiste Garrincha mit den Millionarios, einem Prominententeam, durch die Provinz, spielte für ein Trinkgeld und legte Tausende von Kilometern mit dem Mannschaftsbus zurück. Nach Hause kam er nur, wenn er für einige Wochen ausnüchtern mußte. Das Haus von Elza und den Kindern diente ihm als »medizinische Abteilung«, in der er seine Wunden kühlen konnte.

Auch die Geburt seines Sohnes Garrinchinha im Juli 1976 konnte ihn nicht mehr vom Alkohol abbringen, wie es Elza Soares gehofft hatte. Zur Geburt war er vier Tage zu spät erschienen, weil der Rausch nach seinem letzten Spiel so stark gewesen war, daß er drei Tage für die Ausnüchterung brauchte. Als er völlig verkatert und mit aufgedunsenem Gesicht im Krankenhaus erschien, überreichte ihm Elza das Neugeborene und stellte ihn vor die Wahl: »Entweder den Sohn oder den Alkohol«. Garrincha gab den Säugling in ihre Arme und bedauerte, daß er sich vom Alkohol nicht würde lösen können: »Ich ziehe beide vor, Kind und Alkohol. Ich kann nicht leben, ohne zu trinken.«

Ein Jahr später ging auch die zweite Ehe Garrinchas in die Brüche: Bei einem Streit hatte er Elza schwer verletzt und damit gedroht, sie umzubringen. Elza erstattete Anzeige wegen schwerer Körperverletzung, und nach 15 Jahren wurde die Ehe geschieden. Einige Jahre später heiratete Garrincha noch ein drittes Mal, kurz vor seinem Tod im Januar 1983. Die Tochter, die aus dieser Ehe hervorging, kann sich kaum an ihren Vater erinnern, eifert ihm aber heute in einem Damen-Team in Rio de Janeiro nach. »Ich glaube nicht an das, was die Leute reden. Mein Vater ist nicht in Armut gestorben«, sagt sie. Tatsache ist, daß Garrincha fast nichts von dem geblieben war, was er sich in seiner aktiven Zeit aufgebaut hatte. Alles, was er anschließend anfaßte, war nicht mit dem gleichen Erfolg gesegnet wie zu seiner besten Zeit als Fußballer: Restaurant- und Bar-Besitzer, Trainer – alles war schon nach kurzer Zeit zum Scheitern verurteilt.

Ein letzte Chance sollte er als Trainer einer Fußballschule bekommen, die vom Bundesstaat Rio de Janeiro finanziert worden war. Sein Engagement endete aber schon nach dem ersten Training, bei dem er den Jugendlichen eine Moralpredigt gehalten hatte. »Keine Zigaretten, kein Alkohol, früh ins Bett, reichlich studieren!« Prinzipien, die er in seinem eigenen Leben nie ernst genommen hatte. Nach dem Training kehrte Garrincha in die nächste Bar ein und nahm einen »Cachaça«, den brasilianischen Zuckerrohrschnaps, auf Ex. Einen zweiten und noch einen. Mit leerem Blick kam Garrincha zu einer bitteren Einsicht: »Irgendwann bin ich zu Botafogo gekommen, und heute, 26 Jahre später, habe ich das gleiche wie vorher: nichts. Aber das haut mich nicht um. Wichtig ist, daß ich auf dem Spielfeld, als Spieler mit dem Ball am Fuß, alles erreicht habe.« Wenig später vollendete sich Garrinchas rastloses Leben; im Januar 1983 verstarb er an den Folgen seiner Alkoholsucht. Vier Jahre später folgte ihm sein Sohn, der in der Schülermannschaft von Fluminense Rio de Janeiro begonnen hatte und der bei einem Badeunfall ertrunken war.

Bis heute gilt Garrincha wegen seiner Fröhlichkeit, seines kindlichen Gemüts als der beliebteste Fußballer, trotz eines Pelé. Ruy Castro, brasilianischer Erfolgsautor, schrieb 1984 die Biografie über den Vogel, den niemand zu fassen bekam. Ein Jahr lang wurde der Vertrieb des Buches verboten, weil die Töchter Garrinchas den Ruf ihres Vaters geschädigt sahen.

Valdir Perreira »Didi«
** Campos/Rio de Janeiro, 8. Oktober 1929*
Trotz Garrincha und Pelé gilt er als »Vater« des WM-Titels von 1958. Einmal wegen seines Freistoßtreffers zum 1 : 0 gegen Peru im entscheidenden WM-Qualifikationsspiel, zum anderen, weil er sowohl innerhalb als auch außerhalb der Mann-

schaft die Führungsrolle übernahm. So war er es, der gemeinsam mit Nilton Santos und Bellini dafür sorgte, daß Pelé und Garrincha während der WM in die Stammformation rückten.

Das Tor gegen Peru erhielt den Spitznamen »Trockenes Blatt«, weil der Schuß angeschnitten war und zu Boden fiel wie ein Blatt vom Baum. Fast ein Jahrzehnt zuvor, kurz vor der WM 1950, hatte er das erste Tor überhaupt im neuerbauten Maracanã-Stadion erzielt. Erst mehr als vierzig Jahre nach diesem Treffer wurde die Tat Didis verewigt, als die Dirigenten des brasilianischen Fußballs eine Gedenktafel in der Halle des Maracanã-Stadions anbrachten. Das Maracanã war für viele Jahre das Wohnzimmer Didis. »Immer wenn ich den Rasen betreten habe, fühlte ich mich wie zu Hause«, erinnert er sich.

Bei der WM in Schweden wurde Didi zum besten Spieler des Turniers gewählt. Typ: eleganter Spielmacher mit überragender Technik, exakten Pässen und Kunstschüssen. Wegen seiner Eleganz und seiner afrikanischen Gesichtszüge erhielt er den Spitznamen »der äthiopische Prinz«. Der Boden, auf dem Didi seine genialen Spielzüge einleitete, konnte noch so knöcheltief sein, er verließ das Spielfeld fast immer mit einer sauberen Kluft.

Didi galt als Nachfolger von Zizinho, der zuvor Spielmacher der Nationalmannschaft war. »Ich habe von Meister Ziza den Staffelstab übernommen, um das Spiel der Nationalmannschaft zu ordnen«, sagte Didi einmal. Fußball war für Didi immer Kunst. Er sah in einem Spiel immer auch eine Art Modenschau, bei der er sein Talent offen nach außen tragen konnte. Wenn es aber sein mußte, ließ Didi auch schon einmal die Eleganz beiseite. So wie etwa beim legendären Finale der Südamerika-Meisterschaft in Argentinien, als Brasilien gegen Uruguay unterlag. In jenem Spiel setzte Didi zu einer »fliegenden Schere« an, die auf einem Foto festgehalten ist und mit der er damals vier Urus verscheuchte. »Zu jenem Zeitpunkt hatten drei unserer Spieler ihren Kontrahenten bereits mächtig zugesetzt. Das war ein Kampf Mann gegen Mann. Als aber Bellini am Boden lag, wurde der von vier Uruguayern attackiert. Deshalb griff ich ein, um dieser Feigheit ein Ende zu setzen«, erinnert sich Didi.

In seiner Karriere spielte er für Fluminense und Botafogo

sowie für Real Madrid, gemeinsam mit Alfredo di Stefano und Ferenc Puskás. Er nahm an drei Weltmeisterschaften als Spieler (54, 58, 62) und 1970 als Trainer Perus teil, brachte es auf 68 Länderspiele und erzielte 20 Tore. Mit dem Dream Team von Real wurde er 1961 spanischer Meister, mußte dann aber den Verein verlassen, weil »Don Alfredo« di Stefano keinen zweiten Superstar in der Schaltzentrale der Mannschaft duldete.

Auch als Trainer machte Didi seinen Weg, formte in Peru eine schlagkräftige Nationalmannschaft, die bei der WM 1970 erst im Viertelfinale nach großem Spiel an Brasilien scheiterte. Dem Fußball ist er bis heute verbunden, wenn auch nicht in seiner Heimat. Ihn hat es vielmehr nach Kanada verschlagen, wo er versucht, neue, gute Kicker zu formen. Doch warum gerade im kühlen Kanada? »Weil dort nicht der gleiche Leistungsdruck auf den Jungen lastet, sie sich besser entwickeln können«, ist Didi überzeugt, dessen Schützlinge im Alter zwischen 9 und 11 Jahren sind. In Quebec, wo auch seine Tochter Rebeca mit fünf Enkeln lebt, will sich Didi langfristig niederlassen. Nach einem Überfall auf seine Tochter in Rio de Janeiro hatte die Familie genug von der Gewalt in der brasilianischen Metropole und zog in Richtung Kanada. Dort wird Didis Projekt von der Regierung und der FIFA unterstützt. Ganz abnabeln will sich Didi freilich nicht von Brasilien. »Wenn es in Kanada so richtig kalt wird, komme ich wieder auf einen Sprung vorbei«, kündigte er an.

Die Nationalmannschaft beobachtet Didi heute sehr kritisch. Er achtet zwar seinen ehemaligen Mannschaftskameraden Zagalo, glaubt aber, daß dieser viel zu defensiv spielen läßt. »Er war schon bei der WM 58 und 62 unser defensivster Spieler. Ich würde ihm wünschen, daß er seine Mannschaft kreativer spielen läßt, mehr Kombinationen einstudiert«, fordert Didi, den mit Zagalo bis heute eine große Freundschaft verbindet.

Bei seiner Abreise nach Kanada befand sich Didi in bester Verfassung. Bis vor zwei Jahren hatte es gar nicht gut um seine Gesundheit ausgesehen. Didi hatte sich 1969 bei einem Spiel eine Verletzung zugezogen und mußte zeitweise sogar an Krükken gehen. Selbst Spezialisten in der Schweiz hatten kein Mittel gegen die Schmerzen gefunden. In seiner Verzweiflung suchte Didi den Wunderheiler »Dr. Fritz« in Rio de Janeiro auf, ein Heiler, der vorgibt, vor seinen Behandlungen die Identität eines im Ersten Weltkrieg verstorbenen Feldarztes zu inkorporieren. Nachdem Didi in der Klinik von »Dr. Fritz« eintraf, plagten ihn erneut »unerträgliche Schmerzen«. Der Heiler schlug mehrfach eine große Schere in Didis Kreuz und bat ihn aufzustehen. »Ich sah lediglich Blut an meinem Körper heruntertropfen, konnte plötzlich aber ohne Schmerzen gehen«, erinnert sich Didi. Hokuspokus oder Scharlatanerie – seit jenem Besuch bei »Dr. Fritz« klagt Didi über keine Schmerzen mehr ...

Edvaldo Izídio Neto »Vavá«
** Recife, 12. November 1934*
Selten gewann er eine Torjägerkrone, aber immer war Vavá unter den führenden Torschützen, im Verein und in der Nationalmannschaft. Seinen Torriecher entwickelte er erst spät, denn zunächst begann er seine Karriere bei Sport Recife als Spielmacher. Später bei Vasco, Atletico Madrid, Palmeiras, Toros und América (beide Mexiko), San Diego Soccers (USA) spielte er Mittelstürmer. Vavá war nach vorn beordert worden, weil er mit einem unglaublichen Mut in die Zweikämpfe ging. Auch ein noch so hartes Einsteigen der Gegenspieler konnte ihn nicht demoralisieren. Technisch war er nie besonders stark, ein Handicap, das ihn vielleicht um eine größere Popularität brachte und stets im Schatten von Phänomenen wie Garrincha, Pelé oder Didi stehen ließ. Die Trainer schätzten aber gerade seinen Kampfgeist.

Seine Hartnäckigkeit brachte ihm jedoch mitunter auch schwere Verletzungen ein. Kaum auskuriert, setzte Vavá sein mutiges Spiel fort. Eigenschaften, die ihm schließlich den Spitznamen »Eisenbrust« einbringen sollten. Eines der bekanntesten Beispiele für Vavás »Biß« dürfte das Gruppenspiel der WM 1958 gegen die Sowjetunion gewesen sein. Obwohl er bereits mit einer leichten Verletzung ins Spiel gegangen war, hatte er seine Mannschaft schon frühzeitig in Führung gebracht. Auch als die Schmerzen stärker wurden, ließ sich Vavá nicht auswechseln. Ein sowjetischer Verteidiger hatte ihm mit seinen Stollen eine tiefe Wunde zugefügt. Vavá biß sich wie gewohnt durch, ließ keinen Zweikampf aus und erzielte in der zweiten Halbzeit den entscheidenden Treffer zum 2 : 0-Endstand.

In der Nationalmannschaft hatte er sein Debüt bei den Olympischen Spielen 1952 in Helsinki gefeiert. Im ersten Spiel gegen die Holländer schoß er beim 5 : 1 gleich ein Tor, spielte auch in der Zwischenrunde beim 2 : 1 gegen die Luxemburger. Ausgerechnet im Viertelfinale gegen Deutschland mußte er jedoch auf der Bank zusehen, wie seine Mannschaft nach Verlängerung mit 2 : 4 unterlag.

Bis zur WM 1958 spielte Vavá bei Vasco, wechselte anschließend, wie Spielmacher Didi, nach Spanien. Dort spielte er für Atletico Madrid, kehrte nach kurzer Zeit allerdings wieder nach Brasilien zurück und ging dort zu Palmeiras.

Vavás Torriecher sicherte Brasilien Siege in entscheidenden Spielen bei den Weltmeisterschaften in Schweden und Chile, wo er in beiden Finals traf. Insgesamt bestritt Vavá 22 Länderspiele und erzielte 10 Tore. Nach seiner Zeit bei Palmeiras spielte Vavá noch in Mexiko und den USA, wo er auch seine Karriere beendete.

José Elí de Miranda »Zito«
** Roseira/São Paulo, 8. August 1932*
Gemeinsam mit Didi, der für das Kreative zuständig war, dominierte er das Mittelfeld der Nationalmannschaft, die 1958 und 1962 Weltmeister wurde. Zito war eher der Organisator, rief seine Mitspieler zur Ordnung. Eine Aufgabe, die geradezu auf ihn zugeschnitten war, verfügte er doch über eine starke Persönlichkeit, mit der er Gegnern und Mitspielern gleichermaßen Respekt einflößte.

Einer, der zu Karrierebeginn einen Heidenrespekt vor Zito hatte, war Pelé. Manche sagen sogar, daß der junge Pelé Angst vor dem energischen Mittelfeldspieler hatte. Pelé erhielt von

Zito den Spitznamen »Gasolina« (Sprit) verpaßt, weil Zito ihn häufig schnell mal zur Tankstelle schickte, um Zigaretten zu holen, und Pelé in Windeseile zurückkam. Auf dem Spielfeld hielt Zito dem Superstar freilich den Rücken frei, damit der in der Offensive zaubern konnte. Mit einer seiner Finten überraschte er einmal sogar Pelé. Zito schaute zur einen, spielte den Ball zur anderen Seite. Als Pelé das Zuspiel verpaßte, rief Zito ihm wutentbrannt zu: »Du Esel! Den Kopf zur einen, den Ball zur anderen Seite!«

Zito war kein reiner Defensivspieler. Oft schaltete er sich in den Angriff mit ein und war stets anspielbar, da er über ein ungeheures Laufpensum verfügte. Mit seinen Pässen setzte er beim FC Santos oft das Sturmdoppel Pelé und Coutinho ein, die Zitos Zuspiele häufig in Tore ummünzten. Bis heute gilt Zito, den man auch den »Manager« nannte und der 1966 noch einmal an der WM als Reservist teilnahm, als der beste defensive Mittelfeldspieler Brasiliens aller Zeiten. Insgesamt brachte er es auf 45 Länderspiele und zwei Tore, eines im WM-Finale gegen die Tschechoslowakei.

Amarildo Tavares da Silva
** Campos/Rio de Janeiro, 29. Juli 1940*
Kaum war er von der Junioren-Mannschaft Flamengos entlassen worden und hatte seinen Wehrdienst angetreten, als ihn ein gewisser Paulistinha zu Botafogo holte. Der damalige Trainer João Saldanha ließ den Nachwuchsmann Amarildo zum Test kommen und gab ihm sofort einen Vertrag.

Kurz darauf, 1961, schaffte er den großen Durchbruch bei Botafogo, wurde zur Entdeckung der Saison. Obwohl er bereits auf der Liste für die WM 1962 stand, unterzeichnete er noch vor der Abreise nach Chile einen Vertrag beim AC Mailand. Dies bedeutete zunächst die Ersatzbank in Chile.

Die plötzliche Verletzung Pelés im Spiel gegen die Tschechoslowakei eröffnete Amarildo eine einmalige Chance. Im folgenden Spiel gegen die Spanier nahm Amarildo den Platz des Königs ein, der ihn noch mit den Worten »Gott ist mit dir«

verabschiedet hatte. Gleich in seinem ersten Spiel erzielte Amarildo zwei Tore, Brasilien besiegte die Spanier mit 2 : 1. Da sich Pelés Verletzung als gravierend herausstellte, behielt Amarildo seine neue Position und erzielte im Finale gegen die Tschechoslowakei den wichtigen Treffer zum 1 : 1-Ausgleich. Amarildo hatte in Chile weit besser gespielt, als ihm die meisten zugetraut hatten. Die WM 1962 bedeutete für ihn deshalb den endgültigen internationalen Durchbruch.

Später wurde er wegen seines ungestümen Stils nur noch »der Besessene« genannt, denn er war stark im Abschluß, aber auch leicht reizbar. Nach der WM 1962 spielte Amarildo noch einige Jahre für den AC Mailand und gewann 1969 den italienischen Meistertitel mit dem AC Florenz. Anschließend wechselte er noch zum AS Rom und beendete seine Karriere 1972 bei Vasco da Gama. In 23 Länderspielen erzielte Amarildo insgesamt acht Treffer.

Als Trainer arbeitete Amarildo Anfang der neunziger Jahre in den Arabischen Emiraten; er lebt heute mit Frau und drei Kindern in Florenz.

Der dritte Titel – die WM 1970 in Mexiko

Acht Jahre mußte Brasilien nach dem Titelgewinn 1962 auf einen neuen Erfolg bei einer Weltmeisterschaft warten. Zwischen den beiden Triumphen auf dem amerikanischen Kontinent, in Chile und in Mexiko, lag das alles andere als weltmeisterliche Auftreten in Europa, in England.

Die Umstrukturierung der brasilianischen Mannschaft hatte bereits mit der Ankunft zu Hause in Brasilien nach dem Triumph in Chile begonnen. Delegationsleiter Carvalho, der »Marschall der Siege«, war Zielscheibe der Kritik korrupter Verbandsfunktionäre. Sie wollten unter allen Umständen verhindern, daß er die Mannschaft in England führt. Delegationschef wurde ein Mann, der später den Vorsitz der FIFA übernehmen sollte: João Havelange. Auch die Mannschaft bekam ein neues Gesicht. Viele Stammspieler kamen aus Altersgründen für die WM 66 nicht mehr in Frage. Lediglich Pelé war mit seinen 25 Lenzen noch jung genug.

Nach einer mißglückten Testspielreise mußte Trainer Moreira 1963 seinen Hut nehmen. Feola, 1958 erfolgreich, übernahm das Amt erneut, beugte sich jedoch den Einflüssen von außen und berief 45 Spieler in die Nationalmannschaft. Ihm gelang es deshalb bis zu Beginn der WM nicht, eine eingespielte Stamm-Formation zu finden. Immerhin betraten 1964 nach der »Taça das Nações«, einem internationalen Turnier in Brasilien, eine Reihe neuer Talente, unter ihnen die späteren Weltmeister Carlos Alberto, Brito, Gerson und Jairzinho, die internationale Bühne. Um die Berufung einigermaßen zu organisieren, teilte Feola die Spieler in vier Gruppen auf: Blau, Grün, Weiß und Weinrot. Von den 22 Spielern, die schließlich nach England flogen, kamen am Ende 20 auch zum Einsatz.

Im ersten Spiel gab es ein 2 : 0 gegen Bulgarien durch Tore von Pelé und Garrincha, das zweite Gruppenspiel verlor Brasilien ohne Pelé, der gegen die Bulgaren das Opfer insgesamt 23 brutaler Fouls geworden war, gegen die Ungarn mit 1 : 3. Tostão erzielte den einzigen Treffer. Schon ein Spiel später, wieder mit einem allerdings ziemlich eingeschüchterten Pelé, kam das endgültige Aus mit einer weiteren 1 : 3-Niederlage gegen Portugal, eine Mannschaft, die damals von Superstar Eusebio dominiert wurde. Brasilien kehrte nach dem Ausscheiden gedemütigt heim. Die Delegationsleitung um João Havelange tauchte unter, Trainer Feola beendete seine Karriere auf die traurige Art.

Brasilien brauchte lange, um sich von der Schmach von England zu erholen. Um an alte Erfolge anzuknüpfen, wurde im Juni 1968 zunächst der ehemalige Delegationsleiter Carvalho wieder ins Amt geholt. Carvalho gründete die COSENA, eine nationale Sonderkommission für die Nationalmannschaft. Supervisor wurde Oswaldo Brandão, Cheftrainer Aymoré Moreira. Die Initiative zur Gründung dieser Kommission ging vom damaligen Präsidenten des Brasilianischen Fußballverbandes, João Havelange, aus. Die COSENA sollte eine bessere Koordinierung der Angelegenheiten der Nationalmannschaft und folglich bessere Ergebnisse garantieren. Nachdem die Arbeit jedoch nur langsam voranging, der Druck der Presse wuchs, forderte Havelange sichtbare Resultate ein. Carvalho und Havelange gerieten aneinander, und 1969, ein Jahr vor der WM in Mexiko, wurde die COSENA aufgelöst, Trainer Moreira nahm seinen Hut.

Der neue starke Mann im Verband wurde Antonio do Passo. Er setzte als Nachfolger von Moreira den Journalisten João Saldanha, einen erklärten Kommunisten, als Nationaltrainer ein. Saldanha scharte einen Kreis von 22 Spielern um sich, die den Spitznamen »Die Monster Saldanhas« erhielten. Zwischen April und August 1969 gelangen in neun Testspielen neun Siege. Auch in der WM-Qualifikation gab es keinerlei Probleme, der Sprung nach Mexiko erfolgte mühelos. Doch zum Ende des Jahres setzte der Verband ein »politisches« Freundschaftsspiel gegen Atletico Mineiro in Belo Horizonte an. Die Nationalmannschaft verlor mit 1 : 2, und Atletico-Trainer Yustrich kritisierte Saldanha scharf.

Der, durch eine einzige Niederlage unter Druck geraten, als sei plötzlich die Welt untergegangen, stellte daraufhin zu Jahresbeginn 1970 seine Mannschaft um und versuchte, seine Truppe für Mexiko einzuspielen. Doch die Presse verschärfte ihre Angriffe nur noch, vor allem nach einer Niederlage gegen Argentinien in einem Testspiel und der Nominierung der beiden jungen Torhüter Leão (Palmeiras) und Ado (Corinthians) anstelle von Felix (Fluminense). Die Verbandsspitze wandte sich – wohl auch auf Betreiben der Militärregierung – von Saldanha ab. Auslöser für seine Entlassung dürfte auch sein Auftritt auf dem Flamengo-Vereinsgelände gewesen sein, wo er seinen Hauptkritiker Yustrich mit einer Waffe bedrohte und in die Luft feuerte. Damit lieferte er den politischen Machthabern, bei denen er aufgrund seiner linken Einstellung sowieso mehr als unerwünscht war, die Munition für seine Entlassung, die kurz darauf erfolgte, natürlich frei Haus. Inzwischen hatte er jedoch jene Mannschaft »gebaut«, die später Weltmeister werden sollte.

Im April 1970, acht Wochen vor WM-Beginn, übernahm Mario Zagalo zum ersten Mal die Nationalmannschaft. Die WM-Vorbereitung wurde jedoch erst einmal weiterhin von allgemeinem Pessimismus begleitet, weil Zagalo zunächst Pelé, Rivelino und Verteidiger Piazza draußen ließ. Der Coach glaubte nicht, daß Pelé und Tostão gemeinsam in der Spitze spielen könnten. Rivelino zog er Paulo Cesar als Linksaußen vor, statt Piazza setzte er entweder Joel oder Fontana ein. Zagalo blieb zunächst stur, gab dann aber kurzfristig der öffentlichen Meinung nach und nominierte »die Elf des Volkes«.

In Mexiko ging die Mannschaft bestens vorbereitet in die Spiele. Physisch war sie durch Konditionstrainer Claudio Coutinho optimal präpariert und an die Höhenluft gewöhnt. Trainer Zagalo konnte außerdem auf weitreichende Unterstützung bauen: In der Technischen Kommission arbeiteten ihm Carlos Alberto Parreira, Coutinhos Assistent, Medizinmann Mario Américo sowie Aymoré Moreira als Spion zu.

Erster Gegner in der Vorrunde war die Tschechoslowakei. Petras brachte die Tschechen zwar in Front, doch Pelé, Rivelino und zweimal Jairzinho feierten beim 4 : 1-Sieg ein Fußballfest. Pelé versuchte gar ein Tor fast von der Mittellinie, doch sein Heber ging um Zentimeter an Viktors Gehäuse vorbei.

Im zweiten Vorrundenspiel traf Brasilien auf den Weltmeister England. Ein genialer Spielzug, eingeleitet von Tostão, der die halbe englische Abwehr ausspielte, brachte das entscheidende Tor: Er paßte den Ball nach seiner Soloaktion zu Pelé, dieser spielte mit einem Kurzpaß Jairzinho frei, der den Ball schließlich im Netz versenkte. Englands Torhüter Banks zeigte einige Glanzparaden, unter anderem nach einem perfekten Kopfball von Pelé. Diese Aktion wurde später als die »spektakulärste Abwehr aller Zeiten« bezeichnet. Trotzdem gelang den Engländern in der zweiten Halbzeit fast der Ausgleich, doch auch Brasiliens Torhüter Felix bewies mehrfach seine Klasse.

Bereits für das Viertelfinale qualifiziert, hieß der Gegner der Brasilianer in der dritten Vorrundenbegegnung Rumänien. Zweimal Pelé und einmal Jairzinho sicherten den Sieg für die Mannschaft, der nun im Viertelfinale Peru gegenüberstand. Eine pikante Auseinandersetzung – hieß doch der Trainer Perus Didi. Jener Didi, der 1958 und 1962 zweimal Weltmeister mit Brasilien geworden war. Er erinnert sich: »Als vor dem Spiel gegen Brasilien die brasilianische Nationalhymne gespielt wurde, mußte ich zwei Eiswürfel in die Hände nehmen. Es war furchtbar. Mein Bewußtsein war gespalten. Wenn Peru gewinnt, würden sie es mir in meinem Heimatland übelnehmen. Würde Brasilien gewinnen, mußte ich mit Kritik in Peru rechnen, weil ich im Herzen auf einen brasilianischen Sieg gehofft hätte. Eigentlich hatte ich kaum Hoffnung auf einen Sieg Perus, auch wenn es Augenblicke während des Spiels gab, in denen eine Sensation möglich schien.«

Doch auch die WM-Überraschung Peru konnte den brasilianischen Siegeszug nicht aufhalten – am Ende hieß es 2 : 4. Tostão erzielte zwei Treffer, Rivelino hatte Brasilien mit einem strammen Schuß früh in Front gebracht. Den vierten Treffer besorgte Jairzinho.

Im Halbfinale wartete mit Uruguay das »Gespenst von 1950«. Jenes Uruguay, das den Brasilianern zwanzig Jahre zuvor den Titel im eigenen Stadion weggeschnappt hatte. In der Kabine beschwor Zagalo seine Spieler vor dem Anpfiff, alles Gerede über den Angstgegner Uruguay zu vergessen. Zagalo war 1950 im Stadion gewesen und hatte als Rekrut Dienst als Ordner getan: »Ihr habt mit den Mannschaften von damals nichts zu tun. Heute werden die Karten neu gemischt.« Doch der »Geist von 1950« schien auch in Mexiko anwesend zu sein, Uruguay legte durch Cubilla mit 1 : 0 vor. Beflügelt durch den Führungstreffer, blieb Uruguay weiter offensiv – und aggressiv: Die Verteidiger traten auf alles, was sich bewegte und nicht die blau-schwarzen Nationalfarben trug. Wieder schien Uruguay das Ende aller Träume, doch dann gelang Clodoaldo kurz vor der Pause der Ausgleich. In der zweiten Halbzeit trat Brasilien selbstbewußter auf und erzielte die beiden entscheidenden Tore durch Rivelino und Jairzinho. Pelé wäre um ein Haar noch ein Traumtor gelungen: Allein vor Torhüter Mazurkiewicz, ließ er den Ball links am Torhüter vorbeirollen, er selbst lief rechts an ihm vorbei, dann schlenzte er den Ball Richtung Tor – doch der ging leider um ein paar Zentimeter vorbei.

Im Endspiel wartete Italien, das Hoffnung schöpfte, da es am Tag des Spiels regnete. Auf dem tiefen Boden, so glaubten die defensiv eingestellten Italiener, würden sie ihren Abwehrriegel wirkungsvoller aufbauen können. Doch nach 18 Minuten ging Brasilien durch einen Kopfball von Pelé in Führung. Nach einem Fehlpaß von Clodoaldo konnte Italien nach 38 Minuten ausgleichen. In der zweiten Halbzeit zog Brasilien das Tempo an, und Gerson gelang in der 66. Minute mit einem halbhohen Schuß in die lange Ecke das 2 : 1. Nur fünf Minuten später erhöhte Jairzinho nach einer Traumkombination auf 3 : 1. Den Schlußpunkt setzte Kapitän Carlos Alberto Torres auf Zuspiel von Pelé: 4 : 1. Brasilien war zum dritten Mal Weltmeister – und durfte nun den Pokal, den Coupe Jules Rimet, endgültig behalten.

Die WM-Stars 1970

Eduardo Gonçalves de Andrade »Tostão«
** Belo Horizonte, 25. Januar 1947*
Der Spitzname »Tostão« kommt von der kleinsten Geldmünze dieser Zeit – weil Tostão in seiner Anfangszeit immer der kleinste Spieler war. Doch auch auf seine Herkunft wurde mit »Minierinho de Ouro«, der Goldjunge aus dem Bundesstaat Minas Gerais, manchmal abgehoben.

Tostão stammt aus einer Arbeiterfamilie aus Belo Horizonte. Aufgewachsen am Rande eines Industriekomplexes in einer Wohnsiedlung mit insgesamt 990 Appartements. »Wir hatten zwei Betonplätze und einen Rasenplatz. Ein idealer Ort, um mit dem Fußball zu beginnen«, sagt Tostão über seine Anfänge. Bis heute erinnert er sich auch an sein erstes wichtiges Spiel: Er war gerade sieben und wollte sich eigentlich die Partie der Schülermannschaft seines Viertels gegen Atletico Mineiro, dem Massenclub Belo Horizontes, anschauen. Weil plötzlich ein Spieler ausfiel, durfte Tostão mitspielen, und alle lachten ihn wegen seiner Größe aus. Fazit: Tostão schoß das Siegtor und wurde von Ubaldo, dem populärsten Spieler in Minas Gerais in jener Zeit, umarmt. »Am Abend bin ich ins Bett gefallen und habe ins Kissen geweint, so wie nach dem WM-Finale 1970 gegen Italien.«

Spielintelligenz und nicht endender Siegeswille waren die Kennzeichen des »Goldstückchens«, wie er von seinen Fans genannt wurde. Er zeigte vor allem dann seine Stärke, wenn seine Mannschaft, Cruzeiro Belo Horizonte, in Rückstand lag. Dann kurvte er unermüdlich durch die gegnerischen Abwehrreihen. Berühmt wurde er, als er mit seinem Team die »Unbesiegbaren« des FC Santos mit Pelé 1966 in einem entscheidenden Spiel der Taça Brasil mit 6 : 2 besiegte. Fünfmal gewann Cruzeiro zudem zwischen 1965 und 1970 die regionale Meisterschaft, ganz zum Entsetzen des Lokalrivalen Atletico Mineiro.

1966 nahm Tostão zum ersten Mal an einer WM teil. Obwohl Brasilien bereits in der Vorrunde ausschied, wurde Tostão, der sich relativ gut verkauft hatte, bei seiner Ankunft in Belo Horizonte in einem offenen Fahrzeug durch die Stadt gefahren und gefeiert. »Ich kam mir reichlich blöd dabei vor, denn es gab nun wirklich nichts zu feiern. Deshalb wollte ich auch so schnell wie möglich aus diesem Auto heraus und nach Hause«, reagierte Tostão auf den Rummel.

Bei der WM 1970 stürmte er an der Seite von Pelé, obwohl er zu diesem Zeitpunkt bereits Probleme mit einer zwei Jahre zuvor erlittenen Augenverletzung hatte. In den Qualifikationsspielen hatte er zehn Treffer erzielt. Damals hieß der Trainer noch João Saldanha. Der sicherte Tostão auch nach dessen Augenoperation zu, ihm die Tür nach Mexiko bis zur letzten Minute offen zu halten. Als im April 1970 Zagalo das Traineramt übernahm, wollte der zunächst nichts von einem Doppel Pelé/Tostão in der Sturmspitze wissen. Zwei Wochen vor der WM wagte es Zagalo in einem Testspiel gegen Mexiko dann doch. Es war keine brillante Vorstellung, doch Tostão hatte nach dem Spiel Gewißheit: »Ich fühlte mich gut, weil ich ein Tor gemacht habe, und Zagalo drückte mir die Hand. Da war für mich klar, daß ich in Mexiko Stammspieler neben Pelé sein würde.«

Eine seiner glanzvollsten Szenen hatte Tostão 1970 im Spiel gegen die Engländer, als er die halbe Hintermannschaft ausspielte und den Ball zu Pelé paßte, der das Leder wiederum auf Jairzinho weitergab, der mit einem plazierten und harten Schuß Gordon Banks bezwang. Wie er's gemacht hat? »Ich weiß es nicht, ich habe es eben gemacht. Große Spielzüge werden nicht lange vorher ausgedacht, sie ereignen sich einfach. Ich weiß nur, daß sich Rivelino kurz vor dem Tor zur Einwechslung bereit gemacht hatte, und ich wußte auch, daß er meinen Platz einnehmen würde.«

Höhepunkt seiner Karriere war freilich das WM-Finale gegen die Italiener. Noch am Tag vor dem Finale hatte Tostão lange mit seinem Vater gesprochen. »Das gab mir Sicherheit. Ich wußte, daß ich bereit war.« Auch Roberto Abdala, sein Augenarzt, besuchte Tostão am gleichen Abend im Trainingslager. »Die Stimmung war locker, auch dank unseres Reserve-Mittelstürmers Dadá Maravilha. Der tippte auf einen 3 : 0-Sieg. Alle drei Treffer von ihm, versteht sich. Darauf kündigte Zagalo an, zehn Verteidiger aufzustellen und nur Dadá als Spitze zu nominieren«, amüsiert sich Tostão noch heute.

Nach nervöser erster Halbzeit spielte Brasilien die Italiener in der zweiten Hälfte in Grund und Boden. Und Tostão, der um ein Haar selbst ein Kopfballtor erzielt hätte, konnte seine Emotionen nicht mehr zurückhalten: »Nach dem dritten Tor durch Jairzinho heulte ich während der restlichen Minuten des Spiels. Das Gefühl, das man in diesen Momenten spürt, ist mit Worten kaum zu beschreiben. Es sind Momente, die man im Leben nie vergißt.«

1968 schien seine Karriere bereits gestoppt, als ihn bei einem Spiel gegen Corinthians ein Schuß des Verteidigers Ditão am Auge traf. Tostão erlitt eine Verschiebung der Netzhaut, setzte seine Karriere dennoch fort. Mit der Zeit verlagerte sich die Netzhaut in Richtung Sehnerv und begann, das Sehvermögen des Stürmers zu beeinflussen. Schon nach den Qualifikationsspielen, 1969, bemerkte Tostão, daß er nicht mehr gut sehen konnte. Noch im gleichen Jahr unterzog er sich in Houston einer Operation, bei der die Netzhaut mit Hilfe eines Silikonringes in ihre ursprüngliche Position zurückgebracht wurde. 1972 ergaben sich neue Komplikationen, eine weitere Operation wurde erforderlich. Eine Rückkehr war möglich, doch Tostão beließ es beim letzten Spiel gegen Vasco. In der Nationalmannschaft bestritt er 55 Länderspiele und erzielte 32 Tore.

Nach seiner Fußballzeit widmete er sich zunächst dem Medizinstudium und dann dem Arztberuf in Belo Horizonte. Erst 1984 trat er wieder an die Öffentlichkeit. Dort gestand er ein, daß er sich sein neues Leben anders vorgestellt hatte: »Ich wollte nicht länger Interviews geben, im Mittelpunkt der Öffentlichkeit stehen und all das. Aber als ich mich drastisch zurückzog, war damit nicht beabsichtigt, daß ich ein Eremit, ein Hanswurst, isoliert von allem anderen, werden würde.« Tostão fand den Weg zurück in die Öffentlichkeit, in die Medien, als Buchautor, Zeitungskolumnist und Kommentator beim brasilianischen Fernsehen.

Ende der neunziger Jahre hat sich Dr. Tostão von der Medizin zurückgezogen. Die Arbeitsbedingungen hatten sich insgesamt deutlich verschlechtert, ein Trend, der im brasilianischen Gesundheitswesen bis heute anhält. Neben einem niedrigen Gehalt war es die Struktur insgesamt, die Tostão frustrierte: »Mir wurde schmerzlich klar, daß der Mensch im brasilianischen Gesundheitswesen nichts, aber auch gar nichts zählt.«

Tostão, der sich heute in seiner Rolle als freier Autor wieder ausschließlich dem Fußball widmet, hat sich immer auch durch eine kritische Haltung gegenüber den Machern des brasilianischen Fußballs ausgezeichnet. »Der einzige Ausweg aus diesem Dilemma geht über die Professionalisierung. Die Vereine müssen wie Firmen arbeiten. Viele befürchten, daß der Fußball dadurch seine Romantik verliert, aber ich teile diese Ansicht nicht. Der Fußball würde im Gegenteil viel ernster organisiert, die Arbeitsbedingungen für die Profis dadurch besser«, glaubt Tostão, der auch die Spieler selbst in seine Kritik mit einbezieht. »Die meisten schimpfen sich Profis, handeln aber nicht so, glauben, daß sie es nicht nötig haben, sich besser zu organisieren«, sagt er. »Solange sie ihr Schicksal aber nicht selbst in die Hand nehmen, wird sich nichts ändern, denn niemand wird auch nur eine Hand für sie rühren.«

Gerson de Oliveira Nunes
** Niteroi/Rio de Janeiro, 11. Januar 1941*
Gerson galt als der »Günter Netzer Brasiliens«. Er war berühmt für seine millimetergenauen langen Pässe, die er serienweise über vierzig Meter genau auf die Brust seiner Mitspieler zirkelte – so wie im Finale der WM 1970, beim dritten Tor der Brasilianer im Endspiel gegen Italien. Zuvor hatte er schon das vorentscheidende 2 : 1 nach einer famosen Einzelleistung und einem präzisen Schuß aus 18 Metern erzielt.

Gerson trainierte seine berühmten Pässe immer und immer wieder. Im Maracanã-Stadion stellte er an der Sechzehn-Meter-Linie ein Klein-Tor auf, in das gerade zwei Fußbälle paßten. Hinter der Mittellinie setzte Gerson seine Pässe an, die zumeist den Weg ins Tor fanden. Nach ihm gab es keinen

Nationalspieler mehr in Brasilien, der über eine ähnliche Präzision verfügte.

Neben seinen Pässen dirigierte er seine Mitspieler auch verbal auf dem Spielfeld und erhielt so den Ruf eines Strategen sowie den Spitznamen »Papagei« und »goldener Linksfuß«. Was die Kameras nicht einfingen: Gerson war Kettenraucher und während der Spiele oft hypernervös. Selbst in der Halbzeit des WM-Finales gegen Italien soll er gleich mehrfach zum Glimmstengel gegriffen haben.

Bei aller Genialität hatte Gerson auch eine ziemlich schwache Seite: Sein Temperament verführte ihn öfter dazu, überhartes Einsteigen seiner Gegenspieler mit einem Beinbruch »heimzuzahlen«. So wie gegen Peru 1969, als ihn Abwehrspieler de la Torre mit einem Ellenbogencheck verletzt hatte. Gerson stieg kurz darauf mit gestrecktem Bein ein und brach dem Verteidiger selbiges.

Er begann seine Karriere bei Flamengo, erlebte seine große Zeit jedoch bei Botafogo. Zunächst an der Seite der »alten« Generation um Nilton Santos, Garrincha oder Didí, seinen Lehrmeistern. Anschließend an der Seite der »neuen« Generation um Jairzinho, Paulo Cesar Lima »Caju« oder Roberto Miranda, seinen Schülern. Eigentlich sollte er bei der WM 1962 zum Einsatz kommen, doch eine Verletzung kurz zuvor verhinderte sein WM-Debüt, das er somit auf 1966 in England verschieben mußte, wo es aber für ihn wie für alle anderen Brasilianer ja nicht viel zu feiern gab. Erst 1970 in Mexiko konnte die große Party dann doch noch nachgeholt werden.

Gerson spielte dann noch für den FC São Paulo und Fluminense, wo er seine Karriere 1973 beendete. In insgesamt 83 Länderspielen hatte er 23 Tore erzielt.

Anfang der siebziger Jahre machte er jedoch nicht nur auf dem Platz Schlagzeilen, sondern auch mit einer Zigarettenwerbung der Marke »Vila Rica«. »Vila Rica für jene, die Vorteile ziehen«, hieß der Slogan – ein Ausspruch, der später für die Korruptionsbereitschaft und den Egoismus in Brasilien verwendet wurde. Das »Lei de Gerson«, »Gersons Gesetz«, wurde von den »Nutznießern« in Brasilien, denen, die sich ungeniert mit allen Mitteln bereicherten, gern als Alibi benutzt. Bis heute ist er von diesem negativ ausgelegten Ausspruch gezeichnet. Dennoch konnte er an seine sportliche Karriere eine weitere anhängen und arbeitet heute als Kommentator beim brasilianischen Fernsehen. Zwischenzeitlich hatte sich Gerson auch auf politischem Terrain versucht: In Maricá, einer Kleinstadt im Bundesstaat Rio de Janeiro, war er bis Mitte der neunziger Jahre als Sportsekretär tätig.

Carlos Alberto Torres
** Rio de Janeiro, 17. Juli 1944*
Eine Mischung aus der Effizienz eines Djalma Santos und den Führungsqualitäten eines Zito, so könnte Carlos Alberto Torres charakterisiert werden. Er war der Kapitän des Dream Teams bei der WM 1970 in Mexiko und trägt deshalb auch den Spitznamen »der Kapitän des Hattricks«. Er brachte es in seiner Laufbahn auf 58 Länderspiele und acht Tore.

Ein Beispiel für seine Entschlossenheit: Im Vorrundenspiel gegen England verließ er seine Position im Deckungszentrum, um sich um den brandgefährlichen Außenstürmer Francis Lee zu kümmern. Einmal richtig zur Sache gegangen, und Lee verlor deutlich an Wirkung, war kaum noch zu sehen.

Carlos Alberto begann seine Karriere 1963 bei Fluminense und spielte dann mit einjähriger Unterbrechung zwischen 1965 und 1975 für den FC Santos sowie kurz für Flamengo und Botafogo. Nach der WM 1970 zog er sich eine schwere Verletzung zu, die seine Karriere schon zu beenden schien, doch es gelang ihm, sich noch einmal zurückzukämpfen. 1977 spielte er noch gemeinsam mit Pelé und Franz Beckenbauer bei Cosmos New York.

Nach Karriereende begann Carlos Alberto Torres eine Laufbahn als Trainer, hatte da aber nicht so große Erfolge wie als Spieler und holte mit seinen Teams nie einen Meistertitel. Sein Leben war später oft zwischen dem Fußball und seinen politischen Ambitionen gespalten. So war er bis 1992 Landtagsabgeordneter in Rio de Janeiro. Weitergegeben hat er sein fußballerisches Talent aber anscheinend schon – vererbt an seinen Sohn Alexandre, der heute in Japan spielt.

In Rio de Janeiro führt er zudem eine eigene Fußballschule und zählt heute zu den heftigsten Kritikern von Nationaltrainer Mario Zagalo. »Das System Zagalos ist total überholt, die Nationalmannschaft braucht einen Wechsel auf der Kommandobrücke«, attackierte Carlos Alberto Torres seinen ehemaligen Chef auf der Bank. Eigene Ambitionen auf den Posten des Nationaltrainers weist er, vorerst, zurück: »Dann kann ich ja gleich wieder in die Politik gehen.«

Roberto Rivelino
** São Paulo, 1. Januar 1946*
Rivelino erhielt bei der WM 1970 den Spitznamen »atomarer Fußtritt« wegen seiner extrem harten und plazierten Schüsse aus der Distanz. Man nannte ihn aber auch – in Anlehnung an Pelé und an seine eigene Rolle in seinem Stammverein Corinthians – den »kleinen König des Parkes«. Neben seinen harten Schüssen glänzte er vor allem mit genauen Freistößen und Flanken sowie einer überragenden Technik, die ihm kurze und schnelle Dribblings gestattete.

Das Neujahrskind Rivelino begann seine Karriere in der in Brasilien populären Disziplin »Kleinfeldfußball«, wurde aber schnell auch zum Star auf dem großen Platz. »Kaiser« Franz Beckenbauer bewunderte ihn schon 1968 bei einem Vergleich der FIFA-Auswahl gegen Brasilien im Maracanã-Stadion, den die Brasilianer mit 2 : 1 gewannen: »Eigentlich war ich gekommen, um Pelé zu sehen, doch ich sah Rivelino«, kommentierte der »Kaiser«. Rivelino hatte zuvor drei Gegner aus- und Beckenbauer den Ball durch die Beine gespielt. Schließlich erzielte er im gleichen Spiel auch noch ein Tor gegen den legendären Lew Jaschin im Kasten der Weltauswahl.

In seinem Stammverein Corinthians blieb Rivelino jedoch ohne Glück und Titel und mußte den Club 1974 verlassen, weil ihn die Fans als Sündenbock für ausbleibende Erfolge ausgemacht hatten. Bei der WM in Deutschland war er jedoch der einzige Lichtblick einer ansonsten enttäuschenden Nationalmannschaft. Insgesamt erzielte er in 94 Länderspielen 26 Tore.

1975/76 hatte er dann auch zu Hause endlich das ersehnte Glück: Mit seinem neuen Verein Fluminense wurde er zweimal Meister von Rio de Janeiro. 1978 beendete er seine Profi-Karriere in Saudi-Arabien bei El Helal. Zuvor hatte er bei der WM in Argentinien mit der Nationalmannschaft noch einmal den dritten Platz belegt und hinter seine große internationale Karriere noch einen versöhnlichen Schlußpunkt gesetzt.

Heute arbeitet Rivelino, der immer noch ab und zu in Benefizspielen auftritt, in São Paulo als TV-Kommentator und als Leiter einer eigenen Fußballschule im Stadtteil Chacara Sto. Antônio. Rivelino war übrigens immer das große Vorbild eines anderen Weltstars: des Argentiniers Diego Armando Maradona.

Jair Ventura Filho »Jairzinho«
** Rio de Janeiro, 25. Dezember 1944*
Jairzinho war der Rechtsaußen der Weltmeisterelf. Als der erfolgreichste Torschütze der Brasilianer bei dieser WM ist er bis heute der einzige geblieben, der bei einer Endrunde in jedem Spiel mindestens ein Tor machte. Er erhielt deshalb den Spitznamen »Wirbelsturm«. Der Platz auf der rechten Seite war im übrigen nie sein angestammter: Außer in der Nationalmannschaft weigerte er sich kurioserweise konsequent, auf einer anderen Position als der eines Halbstürmers auf der linken Seite zu spielen.

Jairzinho, der auch bei der WM 1966 in England und der WM 1974 in Deutschland zum Einsatz kam, zeichneten lange Dribblings und ein unwiderstehlicher Antritt ebenso aus wie seine Kampfkraft und Explosivität. Außerdem war er ein »Beidfüßler« – mit rechts wie links gleichermaßen torgefährlich.

Er spielte zunächst bei Botafogo, bevor er zu Olympique Marseille wechselte. 1976 gewann er mit Cruzeiro die Taça Libertadores und zog ins Weltpokalfinale gegen Bayern München ein, unterlag dort in zwei Spielen (0 : 2, 0 : 0). Bei Botafogo beendete er 1981 schließlich seine Karriere. Jairzinho bestritt in seiner Laufbahn 87 Länderspiele und erzielte 38 Tore.

Nach einigen eher bescheidenen Erfolgen als Trainer konzentrierte sich Jairzinho auf die Suche nach Talenten. Fälschlicherweise wurde er als Entdecker von Ronaldo, heute bei Inter Mailand, bezeichnet. Der war in Wirklichkeit von seinem damaligen Trainer Alfredo Sampaio in São Cristovão den beiden Spielerberater Pitta/Martins empfohlen und von diesen unter Vertrag genommen worden.

Clodoaldo Tavares Santana
** Aracajú/Serguipe, 26. September 1949*
Schon im zarten Alter von 17 Jahren lebte Clodoaldo beim FC Santos inmitten von Stars wie Pelé und Gilmar und trat dann bei diesem Traditionsverein die Nachfolge des großen Zito an. »Ohne die tolle Unterstützung der Fans wäre das sicher schwieriger gewesen«, erinnert er sich. Eben aus der Hand Zitos erhielt er das Trikot mit der Nummer 5. »Das vergesse ich nie, denn er war der Größte auf dieser Position.« Als defensiver Mittelfeldspieler auch in der Offensive stark, war er mit 20 Jahren eine der großen Stützen der Weltmeisterelf. Zwischen 1966 und 1980 absolvierte er insgesamt 510 Spiele für den FC Santos, erzielte 13 Tore und bestritt außerdem 40 Länderspiele mit jenem wichtigen Tor im Halbfinale 1970 gegen Uruguay.

Anfang 1995 nahm Clodoaldo erneut eine Schlüsselposition in seinem Verein ein: Als sportlicher Direktor des FC Santos sollte er als rechte Hand von Pelé den Neuaufbau im Verein ordnen. Ein Vorhaben, das auch zum Teil gelang. Santos baute inzwischen ein neues Trainingszentrum auf und konnte seine Finanzen wieder konsolidieren. Doch während Clodoaldo seinem Verein wirtschaftlich auf die Beine half, konnte Santos sportlich noch nicht einmal annähernd an alte Erfolgszeiten anknüpfen. Zwar gewann Santos während Clodoaldos Amtszeit zu Beginn des Jahres 1997 das prestigeträchtige Turnier Rio/São Paulo, auf einen nationalen oder internationalen Meistertitel müssen die Fans des Pelé-Clubs weiter warten.

Die Zeit des Wartens – 24 Jahre ohne Titel

Mit dem Rücktritt von Pelé im Jahr 1971 endete in Brasilien eine Ära – die Ära größter internationaler Erfolge und dreier WM-Titel in 12 Jahren. Auf den nächsten, den vierten, sollte das Land 24 Jahre lang warten müssen. »Wir haben sehr lange gebraucht, um uns davon zu erholen, daß der brasilianische Fußball nach dem Abschied von Pelé aus dem gelben Trikot der Nationalelf quasi verwaist war«, schrieb die *Folha de Sao Paulo* einmal sehr treffend.

Vor der WM in Deutschland 1974 war die Mannschaft in einem Neuaufbau. Nicht nur Pelé fehlte, auch andere Stars wie Gerson oder Tostão waren zurückgetreten. Daneben fehlten Leistungsträger wie Carlos Alberto oder Clodoaldo verletzungsbedingt, andere, wie Jairzinho, Piazza oder Paulo Cesar hatten ihren Leistungshorizont überschritten. Lediglich Rivelino konnte seine Form noch halten.

Ein Jahr vor der WM ging Brasilien auf Europa- und Afrika-Reise. Sechs Siege, ein Unentschieden und zwei Niederlagen waren die Bilanz – und vor allem hatte die Mannschaft lediglich bescheidenen Fußball geboten. Auf der Suche nach einem Schuldigen fanden die Verantwortlichen des Verbandes ausgerechnet die Presse: Sie wurde zum Sündenbock für die schlechten Leistungen der Spieler gemacht. Nach einer Niederlage gegen die Schweden verfaßte Supervisor Claudio Coutinho »Die Glasgower Erklärung«, in der die brasilianischen Journalisten beschuldigt wurden, Lügen über die Mannschaft veröffentlicht zu haben. Außerdem wurde eine Nachrichtensperre angekündigt. Die Mannschaftsleitung erhoffte sich von diesen Maßnahmen unter anderem die Gunst der Militärregierung. Alle Spieler unterschrieben die Erklärung, die – wie Zeitungen später spöttisch feststellten – in 381 Zeilen 13 Grammatik-Fehler enthielt. Das Prestige der Nationalmannschaft ging in Brasilien angesichts dieser Anbiederung an die Diktatur in den Keller.

Die Zweifel an der Stärke der Nationalmannschaft erhöhten sich während der Vorbereitungsphase. Abgeschirmt wie in einem Hochsicherheitstrakt, trainierte die Mannschaft am Feldberg im Schwarzwald auf Schneeboden in Juni-Tagen.

Neben der Titelverteidigung stand vor allem die Wahl des neuen FIFA-Präsidenten im Mittelpunkt des Interesses der Brasilianer. Deren Kandidat João Havelange hatte bei seinen Wahlkampfreisen in Asien und Afrika Pelé als Wahlkampf-Lokomotive benutzt. Nachdem Havelange die Wahl gewonnen hatte, war aus Sicht der Verbandsführung der wichtigste Teil der WM in Deutschland erledigt ...

Vor dem Eröffnungsspiel zwischen Brasilien und Jugoslawien wurde Pelé von den Zuschauern im Frankfurter Waldstadion gefeiert. Das Spiel selbst endete 0 : 0 und war mehr durch Fouls und Fehlpässe als durch Torszenen geprägt. Auch das zweite Gruppenspiel blieb ohne brasilianisches Tor: 0 : 0 gegen die Schotten. Ohne erkennbares Konzept geriet der dreifache Weltmeister in Gefahr, in Deutschland bereits in der Vorrunde auf der Strecke zu bleiben.

Mit einem 3 : 0 gegen Zaire sicherte sich Brasilien in einem schwachen Spiel schließlich den Einzug in die Zwischenrunde. Jairzinho, Valdomiro und Rivelino erzielten die Treffer. Nachdem das entscheidende Tor gefallen war, brüllte Zagalo ein übles Schimpfwort in die brasilianischen Kameras.

Im ersten Spiel der Zwischenrunde schlug Brasilien in einem wieder nicht sonderlich überzeugenden Spiel die DDR durch ein Tor von Rivelino mit 1 : 0. Erst gegen Argentinien schien die Mannschaft ihren Rhythmus zu finden: Nach einem 0 : 1-Rückstand konnte sie das Match durch Tore von Rivelino und Jairzinho noch zum 2 : 1-Endstand umdrehen. Gegen Holland stand im kommenden Spiel die Entscheidung um die Endspielteilnahme an.

Vor dem Spiel zeigte Trainer Zagalo wenig Respekt vor dem holländischen Team, »viel Show und nichts dahinter«. Doch auf dem Spielfeld sah es dann anders aus: Gegen das flexibel gestaffelte Ensemble von Rinus Michels schien die brasilianische Mannschaft völlig hilflos. Dennoch hatte die Zagalo-Truppe in der ersten Halbzeit zwei klare Chancen durch Paulo Cesar und Jairzinho. In der zweiten Halbzeit brach Brasilien gegen die überfallartigen Angriffe der Holländer jedoch völlig ein. Neeskens und Cruyff trafen zum 2 : 0. Luis Perreira verlor in der 51. Minute unter dem Druck der Holländer die Nerven, rannte Neeskens um, wurde daraufhin vom Platz gestellt und provozierte bei seinem Abgang das gesamte Stadion.

Als Trost blieb das Spiel um den dritten Platz, doch auch das verloren die Brasilianer gegen Polen mit 0 : 1. Im Kabinengang kam es zum Streit zwischen Torhüter Leão und Verteidiger Marinho Chagas. Leão hatte ihm mangelnde Berufsauffassung vorgeworfen.

Vor der 78er WM in Argentinien gab es dann einen Trainerwechsel: Während der laufenden WM-Qualifikation übernahm mit Claudio Coutinho der ehemalige Zagalo-Assistent das Ruder der Nationalmannschaft. Coutinho baute nun zahlreiche Elemente des europäischen Fußballs, insbesondere der physischen und taktischen Schulung, in die Trainings- und Spielkonzepte der Mannschaft ein. Er sollte den brasilianischen Fußball nach dem Schock gegen die Holländer modernisieren.

Das große Problem der Brasilianer lag im Sturm. Zwar wurde der geniale Torjäger Reinaldo berufen, doch der hatte oft mit Verletzungsproblemen zu kämpfen. Serginho Chulapa, die eigentliche Nummer eins, war wegen einer Tätlichkeit an einem Linienrichter gesperrt. Nunes von Santa Cruz schien nicht reif für die WM.

In der Vorrunde begann Brasilien zunächst mit zwei Unentschieden: Einem 1 : 1 gegen Schweden folgte ein 0 : 0 gegen die Spanier. Das letzte Gruppenspiel gegen die Österreicher mußte Brasilien unbedingt gewinnen, um im Wettbewerb zu bleiben. Verbandspräsident Heleno Nunes reiste eigens nach Buenos Aires, um Trainer Coutinho anzuordnen, Mittelstürmer Reinaldo durch den von ihm bevorzugten Roberto Dinamite zu ersetzen. Und ausgerechnet der erzielte in der 40. Minute das goldene Tor. Coutinhos System, mit dem er versuchte, seine Spieler in Allrounder, in moderne Fußballer zu verwandeln, wurde fortan zu den Akten gelegt. Auch deshalb, weil Dinamite einen »konservativen« Mittelstürmer spielte.

In der Zwischenrunde besiegte Brasilien zunächst Peru mit 3 : 0. Die Tatsache, daß sich Brasilien auch auf »Ergebnisfußball« eingestellt hatte, verhinderte, daß die Mannschaft – trotz einer deutlichen Überlegenheit – ein klareres Ergebnis anstrebte. Individuelle Talente schienen im taktischen Konzept von Trainer Coutinho gefangen. Zweimal Dirceu und Zico erzielten die Treffer in einem Spiel, dessen Ausgang sich später als fatal erweisen sollte.

In der folgenden Partie standen sich Brasilien und Argentinien gegenüber. Es ging um den Einzug ins Endspiel. In der ersten Halbzeit dominierte Brasilien die Partie gegen die Gastgeber, vergab jedoch eine Reihe von Chancen. Dies sollte sich in der Endabrechnung rächen.

Gegen die Polen ging es im letzten Spiel der Vorrunde um die Tordifferenz im Vergleich mit Argentinien. Mit einem Ohr lauschten die Brasilianer denn auch dem Ergebnis zwischen den Gastgebern und Peru. Brasilien gewann die Revanche für das Spiel um den dritten Platz bei der WM 74 durch Tore von Nelinho und zweimal Roberto Dinamite mit 3 : 1. Obwohl bis zu diesem Zeitpunkt ungeschlagen, verpaßte Brasilien mit diesem Resultat den Einzug ins Finale, da Argentinien zur gleichen Zeit die Peruaner mit 6 : 0 bezwang und durch die bessere Tordifferenz Gruppensieger wurde.

Im Spiel um den dritten Platz bezwangen die Brasilianer Italien mit 2 : 1 – und ein bißchen tröstete man sich in Brasilien damit, ungeschlagen sozusagen der »moralische Weltmeister« zu sein. Vier Jahre später sollten sich beide Mannschaften erneut in einem historischen Spiel gegenüberstehen.

Doch die Debatten in Brasilien gingen weiter: »Ist das, was für den europäischen Fußball gut ist, auch wirklich gut für uns?« Vieles davon ganz bestimmt, meinten die Analytiker später im Rückblick – und das eigentliche Problem der Jahre von 71–93 hätte wohl auch nicht auf den Spielfeldern gelegen.

Einer ganzen verlorenen Generation hochtalentierter Spieler, die es nie zum Titel gebracht hätten, habe eine mindestens ebensogroße Gruppe mehr oder weniger unfähiger Funktionäre gegenübergestanden, die den Fußball mehr gelähmt als gefördert hätten. »Sie haben ihn als Sprungbrett für ihre politischen Karrieren genutzt, sich beim Militär angebiedert, alte, überholte Traditionen verteidigt, Konzepte aufgestellt, die nie funktionieren konnten, Clubs mit illegalen Geldern finanziert, gute Spieler ins Ausland getrieben – und dieses Chaos wurde viel zu lange nicht beseitigt«, faßte die *Folha* einmal zusammen.

Am besten sah es noch bei der WM 82 in Spanien aus. Claudio Coutinho, Trainer der vorangegangenen WM-Elf, sollte eigentlich, entgegen der brasilianischen Tradition, auch 1982 im Amt bleiben, obwohl er nicht den Titel gewonnen hatte. Ein Tauchunfall verhinderte dies jedoch. Mit der Gründung des neuen nationalen Fußball-Verbandes, des CBF, forciert durch den damaligen Staatspräsidenten Figueiredo, gelangte Telê Santana auf die Kommando-Brücke der Nationalmannschaft. Santana mußte jedoch zunächst einen Rückschlag in seiner Arbeit hinnehmen: Im zweiten Testspiel unter seiner Regie vor der WM gab es ein 1 : 2 gegen die UdSSR. Santana pflegte stets ein gutes Verhältnis zu den Spielern, duldete jedoch keine Undiszipliniertheiten. Deshalb strich er die erfahrenen Spieler Leão und Jorge Mendonça aus seinem Kader.

Mit einem 2 : 1 gegen die UdSSR – die brasilianischen Treffer durch Socrates und Eder fielen erst in den letzten Minuten des Spiels – startete Brasilien in die WM. War der erste Auftritt der Brasilianer eher noch ein Arbeitssieg, so war das zweite Spiel gegen die Schotten bereits eine Gala-Vorstellung: 4 : 1 mit traumhaften Kombinationen und Bilderbuchtoren von Zico, Oscar, Eder und Falcão! Brasilien wurde fortan als heißester Titelanwärter gehandelt. Mit einem 4 : 0 gegen Neuseeland schloß man die Vorrunde ab.

In der Zwischenrunde kam es zum Prestigeduell gegen die Argentinier mit Diego Maradona. Die Argentinier, vier Jahre zuvor noch Weltmeister, waren gegen Zico und Co. ohne

Chance. 3 : 1 siegten die Brasilianer – Torschützen waren Zico, Serginho und Junior, während der eingewechselte Diaz in den Schlußminuten den einzigen argentinischen Treffer erzielte. Diego Maradona wurde nach einer Tätlichkeit kurz vor Schluß des Feldes verwiesen.

Im kommenden Spiel gegen die Italiener ging es für Brasilien um den Einzug ins Halbfinale. Dank des besseren Torverhältnisses hätte gegen Italien, in der Vorrunde nur mit Glück weitergekommen, ein Unentschieden gereicht. Doch es war nicht der Tag der Brasilianer, die mit der überfallartigen Angriffstaktik der Italiener nicht zurechtkamen. Zweimal ging Italien durch Paulo Rossi in Front, zweimal konnte Brasilien durch Socrates und Falcão ausgleichen. Dem dritten italienischen Tor, wiederum durch Rossi, 15 Minuten vor Schluß, hatte man nichts mehr entgegenzusetzen. Ganz Brasilien trauerte nach der Niederlage des Favoriten, der wunderschönen Offensiv-Fußball, aber auch Schwächen in der Defensive gezeigt hatte. Am meisten Kritik bekam Trainer Santana ab, weil es ihm nicht gelungen sei, mit einer sichereren Taktik zu spielen – aber ein bißchen haderte man auch wieder mit höheren Mächten: »Eine Ungerechtigkeit des Schicksals« sei diese Niederlage gewesen, diese Mannschaft hätte mehr verdient gehabt ...

Vier Jahre nach dem unglücklichen Ausscheiden in Spanien versuchte Brasilien einen neuen Anlauf in Richtung WM-Titel. Wieder mit Trainer Telê Santana, der in einer Panikaktion kurz vor dem Championat zurückgeholt wurde und den ursprünglich vorgesehenen Evaristo, der die Mannschaft zwischenzeitlich betreut hatte, ablöste. Ohne Zeit für einen entscheidenden Neuaufbau griff Santana auf das Mittelfeld der WM 82 zurück, wenn diesmal auch defensiver ausgerichtet. Abwehr und Angriff wurden neu formiert. Dabei mußte Santana auf Linksverteidiger Leandro verzichten, der nach der Streichung von Stürmer Renato Gaúcho aus Solidarität auf eine Nominierung verzichtet hatte.

In der Vorrunde trafen die Brasilianer zunächst auf Spanien. Die beiden Trainer Santana und Munhós trugen dabei einen regelrechten Nervenkrieg aus. So pokerten beide Trainer bei der Wahl ihrer Taktik und ihrer Aufstellung. Santana entschied sich für eine verstärkte Deckung der Außenseiten, um Überraschungen zu vermeiden. Die Spanier erzielten das erste Tor, das allerdings nicht anerkannt wurde, da der Ball nach Ansicht des Linienrichters nicht in vollem Umfang die Linie überschritten hatte. In der 62. Minute besorgte Socrates den einzigen Treffer des Spiels.

Im zweiten Spiel schlidderten die Brasilianer nur knapp an einer Blamage vorbei. Gegen Algerien zeigte sich die Santana-Truppe völlig verunsichert, produzierte eine Serie von Fehlpässen. Von einem gellenden Pfeifkonzert der eigenen Schlachtenbummler begleitet, gingen die Brasilianer mit 0 : 0 in die Pause. Durch ein Tor von Careca wurde es dann doch noch gerade so ein mühevoller 1 : 0-Erfolg, der für den weiteren Verlauf der WM nicht allzu viel erwarten ließ. Immerhin gelang mit dem 3 : 0 gegen Nordirland zum Abschluß der Vorrunde noch eine gewisse Rehabilitierung. Zweimal Careca und Josimar erzielten die Treffer im letzten Vorrundenspiel, in dem Brasilien wesentlich gelöster wirkte als bei den Auftritten zuvor.

Polen hieß der Gegner im Achtelfinale, und trotz eines klaren 4 : 0 enttäuschten die Brasilianer erneut ihre Anhänger. Zu nüchtern, zu sehr am Ergebnis orientiert der Fußball, den sie boten. Zudem trafen die Polen zu Beginn des Spiels Latte und Pfosten des Gehäuses von Torhüter Carlos, der in beiden Situationen bereits geschlagen war. Casagrande unterstrich nach dem Spiel, daß ihm das Resultat wichtiger als die Optik gewesen sei. Die Irritation unter den Fans wuchs – so gefiel ihnen ihre Mannschaft überhaupt nicht.

Platini gegen Zico sollte eigentlich das Duell im Viertelfinale heißen, doch Zico saß gegen die Franzosen zunächst auf der Bank. Brasilien legte los wie die Feuerwehr und erzielte nach 17 Minuten durch ein Traumtor von Careca das 1 : 0. 15 Minuten später vergab Müller die Riesenchance zum 2 : 0 – und Platini glich prompt nach einem Abwehrschnitzer zum 1 : 1 aus. Zico kam dann in der zweiten Halbzeit doch ins Spiel, versiebte aber 15 Minuten vor Schluß die sichere Siegchance, als er einen Elfmeter verschoß. Die Verlängerung blieb ohne Tore –

also mußte das Elfmeterschießen entscheiden. Und wieder zeigten die Brasilianer Nerven: Diesmal vergaben Socrates und Julio Cesar, bei den Franzosen scheiterte lediglich Platini. Durch die Niederlage in einem der mitreißendsten Spiele der WM-Geschichte mußte Brasilien erneut ohne Titel nach Hause fahren. »Ungerecht für viele Spieler dieser Generation, die längst einen Titel verdient gehabt hätten – aber gerecht für den Verband, dessen Funktionäre auf keinen Fall einen verdient haben«, lästerten manche Kritiker.

Konnte man 1982 und 1986 noch ein bißchen mit Pech und dem Schicksal hadern, so gab und gibt es für die WM 1990 keinerlei Ausreden oder Entschuldigungen. Die Vorstellung der Brasilianer war die schwächste seit der WM 1966 in England. Schon in der Vorbereitung brodelte die Gerüchteküche um die Mannschaft und vor allem um den neuen Trainer Lazaroni, einem leidenschaftlichen Verfechter des Defensiv-Fußballs.

In der WM-Qualifikation hatte sich Brasilien mit 4 : 0 und 6 : 0 gegen Venezuela und mit 1 : 1 und 2 : 0 gegen Chile durchgesetzt. Beim entscheidenden zweiten Spiel gegen die Chilenen im Maracanã-Stadion kam es zum Eklat, als der chilenische Torhüter Rojas nach der Explosion einer Rauchbombe im Fünfmeterraum eine Verletzung vortäuschte und einen Spielabbruch provozierte, der Brasilien die WM-Teilnahme gekostet hätte. Fernsehbilder belegten den schmutzigen Trick Rojas', und die Chilenen wurden für vier Jahre gesperrt, Brasilien durfte nach Italien fahren. Rojas erlebte nach der Aufdeckung des Skandals einen sportlichen und persönlichen Abstieg, bis ihn zwei Jahre später Telê Santana beim FC São Paulo als Torwarttrainer einstellte. »Jeder Mensch verdient eine zweite Chance«, sagte Telê.

Schon in der Vorbereitung waren die Nerven der Spieler zum Zerreißen gespannt: In einem belanglosen Testspiel verloren die Stars gegen eine zusammengewürfelte Umbrien-Auswahl mit 0 : 1. In leichter Panik berief Trainer Lazaroni vor Beginn der Gruppenspiele noch eine Sondersitzung ein, in der er verzweifelt versuchte, mit einem Appell an den Stolz der Mannschaft doch noch etwas zu retten.

Viel nützte es nicht, auch wenn die Brasilianer trotz eines konfusen Auftakts Schweden im ersten Gruppenspiel durch zwei Tore von Careca mit 2 : 1 besiegten. Noch schlimmer wurde es im zweiten Spiel gegen Costa Rica, als nur ein Eigentor Monteros den 1 : 0-Erfolg brachte. Mit dem gleichen Resultat gewannen die Brasilianer gegen die harmlosen Schotten. Müller besorgte den einzigen Treffer der Mannschaft, die vor allem im Spielaufbau und in der Defensive Schwächen zeigte und die teilweise den Eindruck machte, als stünden sich die Spieler gegenseitig auf den Füßen.

Im Achtelfinale kam es wieder einmal zu einem Aufeinandertreffen mit den argentinischen Nachbarn. Optisch überlegen und mit den klareren Torchancen, gelang es den Brasilianern nicht, ein Tor vorzulegen. Trotz eines Platzverweises von Ricardo Gomes ließ der Druck der Brasilianer nicht nach, doch neun Minuten vor dem Ende war es Maradona, der mit einem präzisen Paß Caniggia einsetzte, der mit seinem Treffer das vorzeitige Aus Brasiliens besiegelte.

Hart kritisiert kehrten die »Geschlagenen« nach Hause zurück. Besonders Dunga, der als Lazaronis Leitfigur galt, wurde zur Symbolfigur einer Phase, die in Brasilien klar und deutlich als Anti-Fußball bezeichnet wurde – der »Ära Dunga«.

Der heutige Nationaltrainer Mario Zagalo will sich freilich auf Diskussionen über Fehler der Funktionäre, zu denen er ja letztlich selbst gehört, nicht einlassen. Er analysiert die Ära der Mißerfolge – rein sportlich – so: »In den sechziger Jahren hat sich der Fußball in Europa stark weiterentwickelt, vor allem, was wissenschaftliche Arbeitsmethoden und die physische Vorbereitung der Spieler angeht. Nach der Pleite bei der WM 66 haben wir daraus gelernt und konnten 1970 in Mexico noch einmal richtig glänzen.« Den Mannschaften, die danach gekommen seien, habe es aber an einer gewissen Ausgeglichenheit gefehlt: »1974 war das Team einfach noch in einer Übergangsphase – nach dem Abgang so vieler ganz großer Stars.« Und danach? »Gut, ich war bei den folgenden vier Weltmeisterschaften ja nur Beobachter von außen. Ich glaube, wir hatten teilweise schon gute Mannschaften, vor allem 1982 und

1986. Was fehlte, war eine gewisse Kombination von Virtuosität und Kampfgeist. Es gelingt uns Brasilianern auch einfach nicht immer, unsere überragenden technischen Fähigkeiten mit entsprechendem taktischen Verhalten zu vereinen. Unsere Spieler sind Genies mit dem Ball am Fuß – aber des öfteren müßten sie auch noch lernen, ohne Ball genauso gut zu spielen.«

Der vierte Titel – die WM 1994 in den USA

Die WM 1994 stand zum einen ganz unter dem Eindruck des schwachen Abschneidens der Nationalmannschaft bei der WM 90 und der Stimmung, die während der Qualifikationsspiele 1993 aufkam, als Medien und Fans mehrfach die Ablösung des seit 1992 im Amt befindlichen Carlos Alberto Parreira forderten. Zum anderen wartete Brasilien nach dem Tod des Volkshelden Ayrton Senna am 1. Mai 1994 verzweifelt auf ein Erfolgserlebnis, um mit der nationalen Trauer fertigzuwerden.

An der Seite Parreiras stand mit Mario Zagalo als Technischem Direktor ein »alter Hase«, von dem mehrfach behauptet wurde, daß in Wirklichkeit er den Ton in der Mannschaft angeben würde.

Schon vor der Endrunde war der Druck riesengroß – vor allem, als die Ergebnisse ausblieben. Im zweiten Spiel der WM-Qualifikation hatte es die erste Niederlage in der Geschichte der Qualifikationsspiele für Brasilien gegeben. In der Höhenluft von La Paz unterlag Brasilien den Bolivianern mit 0 : 2. Taffarel sah beim ersten Tor nicht gut aus, die Kritik der Medien war vernichtend, die Rufe nach Telê Santana als neuem Trainer wurden immer lauter. Nach eher durchwachsenen Spielen mit Siegen gegen Venezuela, Ecuador und einem Unentschieden gegen Uruguay folgte ein reinigendes 6 : 0 im Rückspiel gegen Bolivien. Nach einem leichten Sieg gegen Venezuela kam es am letzten Spieltag zur entscheidenden Partie gegen Uruguay im Maracanã-Stadion. Erinnerungen an 1950, das nationale Drama der Final-Niederlage, wurden wieder einmal wach.

Romário, bis zu diesem Zeitpunkt unberücksichtigt, nachdem es im Dezember 1992 am Rande eines Länderspiels gegen

Deutschland zum offenen Streit zwischen Parreira, Zagalo und Romário gekommen war, wurde von Parreira doch wieder in die Mannschaft berufen. Denn der hatte unter seinen Stürmern keinen einzigen gesehen, dem er wirklich zugetraut hätte, die Tore gegen Uruguay zu machen. Romário enttäuschte die Erwartungen nicht, vergab zwar in der ersten Hälfte eine Reihe von Möglichkeiten, ebnete aber dann doch mit zwei Bilderbuchtoren den Weg nach Frankreich.

Die weitere Vorbereitung lief dann nicht schlecht, Argentinien wurde zwei Monate vor WM-Beginn mit einem 2 : 0 nach Hause geschickt. Pech kam erst in der Vorbereitungsphase in den USA dazu, als sich Ricardo Gomes in einem Testspiel gegen El Salvador verletzte und durch Ronaldão ersetzt werden mußte.

Die Vorrunde überstanden die Parreira-Schützlinge dann auch nahezu mühelos mit zwei klaren Siegen, einem 2 : 0 gegen Rußland und einem 3 : 0 gegen Kamerun sowie einem allerdings etwas mageren 1 : 1 gegen Schweden. Schon im ersten Spiel gegen die Russen verletzte sich Ricardo Rocha derartig schwer, daß nach Ricardo Gomes auch er ausgetauscht werden mußte. Die neu formierte Innenverteidigung bestand nun aus Aldair und Márcio Santos.

Nach dem 1 : 1 gegen die Schweden wurde Parreira nicht nur wegen des Resultates, sondern vor allem auch deshalb kritisiert, weil er das Unentschieden als »optimales Ergebnis« bezeichnet hatte. Einen bösen Nebeneffekt hatte das Spiel auch noch: Das Selbstvertrauen der Mannschaft aus den beiden ersten Spielen war wie weggeblasen, einige der Spieler, die bis zum Spiel gegen die Schweden zum Stamm zählten, verloren ihren Stammplatz, allen voran der kreativ spielende Raí, eines der Hauptopfer der Medien. Mazinho nahm fortan seinen Platz ein, konnte aber auch nicht überzeugen. Zinho, der im Verein normalerweise immer offensiv spielt, bekam von Parreira auf einmal eine defensive Rolle zugeteilt, mit der er aber überhaupt nicht zurechtkam, so daß auch er prompt zu einer der Hauptzielscheiben der Medien avancierte.

Im Achtelfinale traf Brasilien ausgerechnet am 4. Juli, dem

Nationalfeiertag der Amerikaner, auf die USA. Die hatten zuvor den Mitfavoriten Kolumbien in der Vorrunde ausgeschaltet und waren bis in die Zehenspitzen motiviert. Schon nach 13 Minuten hatte Stewart die Führung auf dem Fuß. Brasilien dominierte fortan das Spiel, konnte sich aber kaum klare Torchancen erspielen, abgesehen von einem Pfostenschuß Romários. Irritiert und verunsichert liefen die Brasilianer dem Führungstreffer hinterher. Der offenbar genervte Leonardo rastete schließlich aus. Der bis dahin spielintelligenteste Brasilianer streckte Tab Ramos mit einem Ellenbogenschlag nieder und erhielt prompt in der 42. Minute die Rote Karte. Seine Mannschaft blieb auch in Unterzahl überlegen, aber erst 17 Minuten vor dem Abpfiff erlöste sie Bebeto nach einem Traumpaß von Romário von dem Schreckgespenst einer Verlängerung. Romário gestand nach dem Spiel ein, daß es zwar nicht an Kampfgeist, aber an Klasse im brasilianischen Spiel gefehlt habe und daß die Fans deshalb so lange hätten leiden müssen.

Im Viertelfinale hieß der Gegner Holland. Brasilien mußte auf der linken Seite einen Ersatz für den technisch beschlagenen Leonardo finden, brachte aber lediglich den physisch starken Branco. Eine Einwechslung, die sich später als goldrichtig erweisen sollte, trotz aller kritischen Einwände der Medien. Nach dem mühevollen 1 : 0 gegen die USA begann Brasilien selbstbewußter, offensiver. In der 52. Minute das 1 : 0 durch Romário, elf Minuten später, nach einem Abwehrschnitzer der Holländer, das 2 : 0 durch Bebeto. Nachlassende Konzentration und einer der ach so beliebten Fehler von Taffarel brachten Holland durch Bergkamp und Winter den Ausgleich. Fünf Minuten später war es dann Branco vorbehalten, mit einem fulminanten Freistoßtreffer doch noch den Sieg für Brasilien zu sichern. Das »Halt's-Maul-Tor«, wie es von den Medien in Brasilien bezeichnet wurde, sollte alle Kritiker Brancos zum Schweigen bringen. Einige sprachen vom entscheidenden Tor dieser WM.

Wie schon in der Vorrunde trafen die Brasilianer im Halbfinale erneut auf die Schweden. Die setzten mit einer verstärkten Defensive auf Konter, die allerdings problemlos von der brasilianischen Hintermannschaft abgefangen wurden. Da die Schweden kaum eine Chance sahen, selbst ein Tor zu erzielen, konzentrierten sie sich im Verlauf der Spielzeit mehr darauf, das Unentschieden über die Zeit zu retten und das Spiel im Elfmeterschießen zu entscheiden. Die hohe Zahl der vergebenen Chancen und die immer dichter gestaffelte Abwehr der Schweden ließen Parreira mit Raí einen Spielgestalter einwechseln, der zuvor aus dem Team genommen worden war und nun gegen die Schweden mehr Druck machen sollte. Dennoch dauerte es bis zur 81. Minute, als Romário höher sprang als die großgewachsenen schwedischen Verteidiger und das goldene Tor erzielte. Eine Sprungkraft, die er sich im Laufe der Jahre beim Fuß-Volleyball, einer brasilianischen Strandsportart, zugelegt hatte. Brasilien hatte zum fünften Mal das Endspiel einer Weltmeisterschaft erreicht.

Und wieder kam es nach 1938, 1970 und 1982 zu einer entscheidenden Begegnung mit den Italienern. Zuletzt hatte Italien gegen Brasilien in Spanien triumphiert und mit 3 : 2 nach Hause geschickt. Diesmal ging es, wie 1970, um den Titel. Das Endspiel wurde wie so oft in vorangegangenen Versionen zu einem Vergleich zweier Superstars. Romário auf brasilianischer Seite, Roberto Baggio auf italienischer.

Als erstes Team übernahm Brasilien nach einer Phase des Abtastens die Initiative, jedoch ohne zählbaren Erfolg. Die physisch schwachen Italiener spielten ihre traditionelle Verteidigungstaktik perfekt, organisiert vom überragenden Routinier Baresi. Auch in der zweiten Halbzeit verstanden es die Brasilianer nicht, die Italiener entscheidend in Gefahr zu bringen. Diese hatten ihrerseits durch Donadoni einige Chancen, da Brasilien auf der linken Abwehrseite verwundbar schien. Am Ende der regulären Spielzeit stand es 0 : 0 – es ging also in die Verlängerung. Die Kräfte Baresis gingen immer mehr zur Neige und damit auch die Sicherheit in der italienischen Hintermannschaft. Als Viola für Zinho ins Spiel kam, verlud der gleich einmal mit einem Dribbling fast die gesamte italienische Hintermannschaft und brachte Romário drei Meter vor dem Tor in freie Schußposition, doch der vergab die klarste Chance des Spiels. Die altbekannte Abschlußschwäche der Brasilianer, die während des gesamten Turniers immer wieder den Eindruck erweckt hatten, sie wollten den Ball am liebsten ins Tor tragen ... So konnten sich die Italiener in ein Elfmeterschießen retten, das die Dramatik ins Unendliche steigerte.

Baresi und Márcio Santos vergaben die beiden ersten Strafstöße. Albertini und Romário verwandelten. Auch Evani und Branco zeigten keine Nerven: 2 : 2. Im vierten Durchgang vergab Massaro seinen Strafstoß, Taffarel hatte die Ecke geahnt. Als Dunga anschließend den Ball im Tor unterbrachte, lag alle Last auf den Schultern von Superstar Roberto Baggio. Der mußte unbedingt treffen, um die Chancen der Italiener zu wahren. Doch der Druck war offenbar auch für einen wie Baggio zu viel: Er schoß den Ball in die Wolken. Brasilien war zum vierten Mal Weltmeister.

Der Jubel nach dem Schlußpfiff war nicht nur auf dem Spielfeld im Rose-Bowl-Stadion von Los Angeles, sondern auch in den Straßen aller brasilianischen Städte unbeschreiblich. Aber im Moment der größten Freude flossen da und dort auch ein paar Tränen, als sich die neuen Weltmeister im Mittelkreis versammelten, um dem verstorbenen Formel-1-Weltmeister Ayrton Senna mit einem Transparent ihre Ehre zu erweisen: »Senna, wir geben zusammen Gas – der vierte Titel ist unserer.« Deutlich hörbar, von den Kameras eingefangen, widmeten sie in dem Moment, in dem sie selbst zu Helden wurden, ihrem eigenen Triumph und dem verlorenen Nationalhelden ein Gebet. »Für mich war die Möglichkeit, Senna diesen Titel zu widmen, das Schönste an dem WM-Sieg, neben der Freude, dem brasilianischen Volk einen Grund zum Lächeln zu geben«, sagte Bebeto später.

Die Schattenseite des brasilianischen Fußballs wurde nach dem Finale sichtbar, als sich Funktionäre und Journalisten im »Brasilianischen Haus« ein Handgemenge lieferten. Bei der Ankunft des Weltmeister-Fluges in Rio de Janeiro kam es zum nächsten Eklat. Spieler und Funktionäre hatten weit mehr zollpflichtige Güter als erlaubt aus den USA mitgebracht. Der Leiter des Zollamtes in Rio de Janeiro bestand darauf, daß die neuen Weltmeister genauso behandelt würden wie alle anderen Personen. Verbandspräsident Ricardo Teixeira drohte daraufhin, daß die Nationalspieler die Ehrenmedaillen des Staatspräsidenten Itamar Franco verweigern würden, sollte ihnen kein zollfreier Durchgang gewährt werden. Auf Druck von oben gab der Zollchef nach, trat einen Tag später jedoch aus Protest von seinem Amt zurück. Monate später soll der Verband angeblich die fälligen Steuern bezahlt haben. Beweise dafür wurden freilich nie vorgelegt …

Die WM-Stars 1994

Carlos Caetano Bledorn Verri »Dunga«
** Ijuí/Rio Grande do Sul, 31. Oktober 1963*
Unter seinem richtigen Namen kennt ihn kaum jemand – nur unter dem Spitznamen »Dunga« ging er in die Fußballgeschichte ein. »Dunga« ist in Brasilien eigentlich einer der sieben Zwerge Schneewittchens, derjenige, der stumm ist. Den Namen erhielt Dunga von einem Freund seines Vaters, der ihn trotz seiner 1,77 Meter als klein, als einen Zwerg, bezeichnete.

Er ist ein kampfstarker, defensiver Mittelfeldspieler – einer der typischen Vertreter der Spielweise des Südens Brasiliens, körperbetont und deckungsstark. Genau diese defensive Spielweise war es aber auch, die noch bei der WM 1990 zum Ausspruch »Ära Dunga« führte, um einen Fußball ohne Kreativität, rein auf Härte aufgebaut, zu beschreiben. Bei der WM 1994 avancierte der so Verfemte, der zum zweiten Mal bei einer WM die Kapitänsbinde trug, freilich neben Romário zum entscheidenden Spieler des Titelgewinns, weil er nicht nur in der Defensive glänzte, sondern auch entscheidende Pässe gab. Zuvor war es von den Medien in Brasilien, oft äußerst lästerlich, schon als Wunder bezeichnet worden, wenn ein Zwei-Meter-Paß Dungas sein Ziel erreichte und ein Torschuß das Gehäuse nicht meilenweit verfehlte.

Doch während und nach dem 94er-Turnier mußten auch die ärgsten Kritiker verstummen. Mit seiner starken Persönlichkeit war Dunga vor allem auch deswegen zu einer tragenden Figur geworden, weil er das Spiel auch in Phasen ordnen konnte, in denen die Mannschaft zum Teil hart kritisiert wurde und dementsprechend Ruhe, Übersicht und Selbstvertrauen fehlten. Kein Wunder, daß sich Dunga nach dem Erfolg dann ungeheuer intensiv freuen konnte: »Als ich den Pokal küßte, hatte ich das Gefühl, daß 150 Millionen Brasilianer genau dasselbe tun. Ich habe geweint – und ganz Brasilien hat mit mir geweint.«

Auch bei ihm herrschte – wie bei Bebeto – die große Befriedigung, seinem Land einen Grund zur Freude geschenkt zu haben: »Brasilien ist voll von Leuten, die immerzu sagen, daß alles falsch ist. Aber keiner sagt oder zeigt je, wie es richtig gemacht werden soll. Wir haben es gezeigt. Wir haben alle in die gleiche Richtung gedacht – so weit, daß wir eben zum Schluß zusammen gebetet haben.«

Dunga begann seine Karriere bei International Porto Alegre, wo er bis 1985 spielte, dann ging er zu Corinthians, dem FC Santos und Vasco, ehe er 1987 nach Italien zum FC Pisa und 1988 zum AC Florenz kam. 1989 gehörte er auch zur Siegermannschaft der Copa América. 1993 wechselte er in die Bundesliga, wo er beim VfB Stuttgart zu den Leistungsträgern gehörte. Im Schwabenland kam Dunga allerdings nie richtig zurecht, ganz im Gegensatz zu seinem Landsmann Giovane Elber, der in Stuttgart trotz einer schweren Verletzung den Durchbruch schaffte. Dungas Anpassungsschwierigkeiten lagen aber weniger im sportlichen Bereich. Vielmehr hatte er wohl mit den Gepflogenheiten in seiner privaten Umgebung zu kämpfen. So verstand Dunga eines schönen Tages die Welt nicht mehr, als ihn ein Nachbar darauf aufmerksam machte, daß Dunga mit dem Kehrdienst an der Reihe sei und deshalb den Bürgersteig reinigen müsse. Der Brasilianer hatte zuvor nie etwas von einer »Kehrwoche« gehört und war völlig konsterniert. Anders als Elber ist Dunga außerhalb des Spielfeldes eher ein stiller, fast verschlossener Typ. Auch das dürfte ihm die Akklimatisierung im Ländle nicht leichter gemacht haben.

Sportlich gelangen Dunga beim VfB dennoch einige Glanztaten. So erinnern sich die Stuttgarter noch gern an die Freistoß-Knaller des Mittelfeldspielers. Der ganz große Erfolg blieb allerdings aus: Dunga konnte in seiner Zeit in Deutschland keinen Titel mit Stuttgart erringen.

1995 machte Dunga dann noch einmal einen großen Sprung in seiner Karriere und wechselte in die japanische Profiliga. Für Trainer Zagalo war der Mittelfeldmann damit längst nicht abgeschrieben. Er baute in den folgenden Jahren weiter auf die Leitfigur Dunga und ärgerte sich im nachhinein, den grimmigen Kämpfer nicht für die Olympischen Spiele in Atlanta nominiert zu haben. In Frankreich, so hat Zagalo mehrfach betont, will er auf Dunga nicht verzichten.

Romário de Souza Farias
** Rio de Janeiro, 29. Januar 1966*
Romário, dem die Brasilianer den Spitznamen »Baixinho«, Kleiner, verliehen haben, ist in Wirklichkeit einer der Größten: Schon jetzt eine Legende, einer, der von nicht wenigen als größter Mittelstürmer aller Zeiten bezeichnet wird, obwohl er ja noch aktiv ist. Bisher absolvierte Romário in der Nationalmannschaft 69 Länderspiele und erzielte 53 Tore.

Er begann in der Jugend bei Olaria, einem Vorortclub in Rio de Janeiro, und machte als Profi erstmals bei Vasco da Gama auf sich aufmerksam. 1988 war er der Torschützenkönig bei den Olympischen Spielen in Seoul, als Brasilien die Silbermedaille gewann, außerdem gehörte er zur Siegermannschaft bei den beiden brasilianischen Copa-América-Triumphen 1989 und 1997.

1988 ging er zum ersten Mal nach Europa: Der PSV Eindhoven in Holland, mit dem er dreimal holländischer Meister und dann 1989 auch Europapokalsieger wurde, hatte ihn über den großen Teich geholt. Ab 1993 spielte er auch in Spanien beim FC Barcelona, mit dem er 1994 Meister wurde.

1990 gehörte er dem WM-Team an, obwohl er kurz zuvor eine schwere Verletzung erlitten hatte und körperlich noch nicht wieder in Bestform war. So konnte er erst vor und während der WM 1994 zum Helden werden, vor allem, als er die beiden entscheidenden Tore zur Qualifikation gegen Uruguay erzielte und dann auch in einigen Spielen der WM selbst erfolgreich war.

Zuletzt war seine Karriere von einem ständigen Kommen und Gehen, einem ewigen Hin und Her zwischen Spanien und Brasilien geprägt: von Barcelona zu Flamengo, dann zu Valencia, zurück zu Flamengo, wieder nach Valencia, dann doch wieder zu Flamengo ...

So anerkannt seine spielerischen Qualitäten einerseits sein mögen, so umstritten ist er auch – auf und außerhalb des Spielfeldes. Denn seine Lebensweise ist der Alptraum der meisten Trainer. Er gibt schon mal öffentlich zu: »Ja, es stimmt, ich trainiere nicht gerne«, liebt dafür das Nachtleben von Rio de Janeiro, wo man ihn des öfteren noch in den frühen Morgenstunden in den einschlägigen Bars und Diskotheken finden kann. Seine Kondition versucht er sich dabei auf einem speziellen Trainingsplatz zu holen: mit Fußvolleyball am Strand der Barra da Tijuca, der südlichsten und einer der vornehmsten Strandzonen Rios. Doch ganz verfügt er heute nicht mehr über seine alte Schnelligkeit, aber durch sein gutes Stellungsspiel und die immer noch vorhandene Torgefährlichkeit wird er wohl auch zu den Stützen des 98er WM-Teams gehören.

Privat ist sein Leben durch ganze Serien von Affären und Skandalen geprägt. Von seiner ersten Frau Mônica ließ sich Romário 1996 scheiden. Neben dem Sorgerecht für die beiden Kinder Mônica und Romário erstritt die entschlossene Ex-Frau eine stattliche Unterhaltssumme. »Ich war es müde, den Kindern immer wieder Märchen auftischen zu müssen, wenn sie mich nach der Frau fragten, mit der ihr Vater in der Zeitung abgebildet war«, sagt Mônica. Auch während der WM in den USA hatte Romário eine Liebhaberin, die er bei seinen nächtlichen Ausflügen heimlich besuchte. Die Nebenbuhlerin ließ sich Anfang 1995 dann im Männermagazin *Playboy* ablichten und plauderte freizügig über Romários Qualitäten als Liebhaber.

Ein Jahr später schien Romário dann eine neue Partnerin gefunden zu haben, doch wie sich bald herausstellte, sollte die Romanze mit einem Teenager-Star nicht von allzu langer Dauer sein. Erst einige Monate später heiratete Romário zum zweiten Mal und nahm seine neue Ehefrau gleich mit nach Valencia, wo er im Sommer '96 freilich nur einige Wochen bleiben sollte. Seit seiner zweiten Hochzeit ist es privat wesentlich ruhiger um Romário geworden, auch wenn seine Ex-Frau eine ganz andere Lawine, die nicht nur ihren Ex-Mann treffen könnte, ins Rollen gebracht zu haben scheint: So ermitteln mittlerweile die Finanzbehörden gegen Romário und einige andere Top-Stars, die in Europa spielen oder gespielt haben und ihre Einkünfte in Steuerparadiese weiterleiten. Romários Ex-Frau hatte Nachforschungen anstellen lassen, weil sie befürchtete, daß sich ihr Ex-Mann mit Hilfe der Kapitalflucht um die erforderlichen Unterhaltszahlungen drücken würde.

José Roberto da Gama de Oliveira »Bebeto«
** Salvador/Bahia, 16. Februar 1964*
Bebeto begann seine Karriere bei Vitoria Bahia in Salvador. Er machte schon früh auf sich aufmerksam und wurde im Alter von 16 Jahren als Zico-Ersatz von Flamengo verpflichtet.

Mit Flamengo wurde er 1987 – gemeinsam übrigens mit Jorginho – brasilianischer Meister, 1990 konnte er diesen Titelgewinn mit Vasco noch einmal wiederholen. Wie Dunga gehörte auch er zur Siegermannschaft der Copa América 1989.

Bereits 1990 war Bebeto, den sie »der Weinerliche« nennen, weil er bei jedem Sieg und jeder Niederlage, und sei das Spiel noch so unbedeutend, zum Teil hemmungslos seine Tränen fließen läßt, als Reservist bei der Weltmeisterschaft in Italien mit dabei, 1994 gehörte er an der Seite von Romário zum Stammteam. Obwohl körperlich schwach, konnte er sich durch seine Beweglichkeit und Technik immer wieder gut in Szene setzen.

Inzwischen hatte er sich erst einmal aus dem brasilianischen Vereinsfußball verabschiedet und spielte in Spanien für La

Coruña, zunächst ein mittelmäßiger Verein, mit dem er dann allerdings überraschend 1994 Vizemeister wurde. Am letzten Spieltag der spanischen Liga verschoß er einen Elfmeter und machte dadurch Romários FC Barcelona in letzter Sekunde zum Meister. Um ein Haar wäre Bebeto statt bei La Coruña in der Bundesliga bei Borussia Dortmund gelandet. Beide Seiten hatten sich praktisch geeinigt, als Bebeto in letzter Minute doch noch einen Rückzieher machte. »Heute sehe ich ein, daß ich einen Fehler begangen habe. Die Borussia ist zu einem internationalen Top-Team gereift, La Coruña ist dagegen stehen geblieben. Aber jeder Mensch macht Fehler«, gesteht Bebeto heute seinen Irrtum ein.

Die Wege von Bebeto und der Borussia kreuzten sich dann Ende 1997 doch noch einmal. Im Weltpokalfinale standen sich Bebetos Verein Cruzeiro Belo Horizonte – die hatten den Stürmer nur für dieses Spiel verpflichtet – und Borussia Dortmund gegenüber. Aus der Sicht Bebetos eine äußerst traurige Begegnung, denn seine Mannschaft mußte sich dem Champions-League-Sieger mit 0 : 2 geschlagen geben. »Die Borussia hat uns heute eine Lektion erteilt«, resümierte Bebeto nach dem Spiel.

Anschließend wechselte er in sehr kurzen Abständen die Teams und schaffte es, innerhalb eines Jahres für Flamengo, Sevilla, Vitória und Botafogo anzutreten. Heute spielt er für Botafogo und dürfte mit Sicherheit auch noch einmal zum Kader für die WM in Frankreich gehören, die sicherlich die letzte Weltmeisterschaft seiner Karriere werden wird, auch wenn er als enger Freund der Familie Zagalo beste Kontakte an der richtigen Stelle hat.

Für Bebeto wäre es die dritte WM. Bisher hat er 92 Länderspiele absolviert und dabei 48 Tore erzielt. Ob er jedoch als Stammspieler zum Einsatz kommt, dürfte nicht nur an seiner eigenen Leistung liegen. Wie bei der WM 94 stellt sich neuerlich die Frage nach dem Verständnis zwischen Bebeto und Romário. »Ich hatte nie ein Problem mit ihm. Das ist doch durch die Medien alles nur inszeniert worden«, rechtfertigt sich Bebeto. Doch diejenigen, die die brasilianische Mannschaft bei der WM in den USA aus der Nähe verfolgt haben, schätzen die Verbindung von damals als reine Zweckgemeinschaft ein. Freunde waren Romário und Bebeto nie, und ob sie es jemals werden, muß mit einer gesunden Skepsis verfolgt werden.

Carlos Ibraim Vaz Leal »Branco«
** Bagé/Rio Grande do Sul, 4. April 1964*
Der Linksverteidiger war der Retter der Brasilianer im Viertelfinale gegen Holland, als er das entscheidende Tor zum 3 : 2-Sieg Brasiliens erzielte. Technisch stark und mit gutem Schuß ausgestattet, wurde er bereits 1984 mit Fluminense Rio brasilianischer Meister und holte sich dann 1990 mit dem FC Porto auch einen portugiesischen Titel. Außerdem spielte er bei Brescia und dem FC Genua in Italien. 1997 beendete er seine Karriere beim Provinzverein Mogi-Mirim im Bundesstaat São Paulo. Insgesamt spielte Branco 71 Mal für Brasilien und erzielte neun Tore.

Bei der WM 1990 hatte er noch zur Stammannschaft gehört, 1994 war er dann eigentlich nur noch als Reservist berufen worden, doch er nutzte nach Leonardos Platzverweis im Achtelfinale gegen die USA die Chance hundertprozentig. »Ich freue mich natürlich sehr, daß ich mir endlich meinen Traum erfüllen konnte, den Weltmeistertitel. Auch wenn es für mich keine einfache WM war, vor allem dadurch, daß ich am Anfang ja nur auf der Bank gesessen habe, außerdem mit einer Verletzung zu kämpfen hatte, so war es doch eine WM, bei der ich vor allem auch eine Lektion für das Leben gelernt habe – durch die Menschen, mit denen ich zusammen war, die mir sehr geholfen haben.«

Worauf er sich dabei bezog: auf eine Gruppe stark religiös geprägter Athleten, der »Athleten Christi«, die das Klima in der 94er Mannschaft offenbar sehr positiv beeinflussen konnten. Vor allem Jorginho war der Vorreiter dieser Bewegung gewesen, der einige seiner Mitspieler dann zum aktiven Christentum brachte. »Diese Menschen, diese Athleten Christi, haben mir sehr viel gegeben. Ich habe großen Respekt vor ihnen, denn sie sind nicht nur Spitzenprofis, sondern sie haben auch ein sehr großes Herz.« Branco schien das geistige Angebot sehr schnell sehr weitgehend zu verinnerlichen, betonte er doch nach seinem Siegtor gegen die Holländer, so wie das alles gelaufen sei, sehe es schon so aus, »als hätte Gott das alles vorbereitet«.

Nach seiner Rückkehr aus den USA hatte Branco zum Teil scharfe Kritik einstecken müssen. Nicht wegen seiner sportlichen Leistungen, sondern weil er einer der »Hauptsünder« auf dem Heimflug der Nationalmannschaft war. Die Weltmeister hatten in den USA reichlich eingekauft und weigerten sich nach Worten ihres Verbandspräsidenten Ricardo Teixeira, bei der Einreise die Zollkontrolle zu passieren. Während andere Spieler vergleichsweise Kleinigkeiten mitbrachten, hatte sich Branco in den USA einen Kühlschrank zugelegt und ließ diesen nun verfrachten. »Die Seleção bringt den Weltpokal nach Brasilien, Branco gleich einen ganzen Kühlschrank«, höhnten die Zeitungen.

Claudio André Taffarel
** Santa Rosa/Rio Grande do Sul, 8. Mai 1966*
Torhüter Taffarel gehörte in der 94er Weltmeistermannschaft zu jener Gruppe der Athleten Christi, die ihre Aufgabe auch darin sahen, ihren Teamkollegen menschlich neue, christlich-humanistische Ideen nahezubringen. Er glaubt heute, daß das auch gelang – und erinnert sich sehr gern an das angenehme Klima im Team: »Meine größte Freude während der Weltmeisterschaft war die Freundschaft, die zwischen den Spielern und auch den sonstigen Delegationsmitgliedern geherrscht hat. Ich glaube, Gott hat uns diese Freundschaft und Liebe zueinander geschenkt. Es war etwas ganz Fundamentales, so etwas hatte ich in einer brasilianischen Nationalmannschaft noch nie vorher erlebt.« Manchmal, so sagt er, vergesse er sogar, daß Brasilien vierfacher Weltmeister sei. »Das einzige, was ich nie vergessen will, ist, daß Gott da bei uns war, daß dieser Titel ein Geschenk war. Wir waren sein Team, sind seinen Instruktio-

nen gefolgt. Er hat uns diesen Titel als eine Chance gegeben, daß Brasilien ihn, Gott, durch unser Zeugnis kennenlernt.«

Der Torhüter der Weltmeistermannschaft von 1994 wurde in Brasilien immer wieder abwechselnd als Held gefeiert oder als Versager verdammt. Er begann seine Karriere 1984 bei International Porto Alegre, spielte in allen Jugend-Nationalmannschaften und auch in der Olympia-Auswahl in Seoul.

Dort wurde er zum ersten Mal zum Helden, als er im olympischen Halbfinale gegen Deutschland 1988 drei Elfmeter parierte. Brasilien verlor dann allerdings das Endspiel gegen die UdSSR. 1989 gehörte er zu den Gewinnern der Copa América, 1990 und 1994 jeweils zum WM-Aufgebot, wobei er in den USA erneut zum Helden avancierte, als er im Elfmeterschießen die Nerven behielt.

Zuvor war er jedoch schon mehrfach in Grund und Boden verdammt worden, wenn ihm wieder einmal einer seiner nach Ansicht von Fans und Trainern vermeidbaren »Blackouts« unterlaufen war. Bei der WM-Qualifikation wurde ihm bei der 0 : 2-Niederlage in La Paz das erste Tor angekreidet, bei der Copa América 1995 zwei Tore gegen Argentinien und Uruguays Ausgleich im Finale. Auch bei seinem Verein Atletico Mineiro, zu dem er 1995 nach einem unglücklichen Italien-Gastspiel zurückkehrte, als er in Parma und Reggiana viel auf der Bank saß und zum Teil sogar als Feldspieler eingesetzt wurde und sich dann – einige Monate ohne Vertrag – sogar in einer Mannschaft von Pastoren als Stürmer verdingt hatte, schüttelt man immer wieder einmal den Kopf über eine an sich unbegreifliche Aktion.

Andererseits ist er ein äußerst »kühler« Torhüter, den selbst ein unnötiges Gegentor nicht aus der Fassung bringen kann, der die Nerven behält. Daß er freilich beim Herauslaufen traditionell Schwächen zeigt, ist auch allgemein bekannt – doch in Brasilien gab und gibt es derzeit keinen besseren, so daß Taffarel wohl auch in Frankreich wieder das Tor der Nationalmannschaft hüten wird.

Bisher spielte er 105mal für Brasilien, Olympia-Auswahl-Begegnungen eingerechnet.

Crisan César de Oliveira Filho »Zinho«
** Rio de Janeiro, 13. Juni 1967*

Zinhos Spitzname ist »Rundschleifer« – weil er immer nur in einem bestimmten Bereich des Spielfeldes agiert und sich dort um die eigene Achse dreht. Er begann mit elf Jahren bei Flamengo, wo er 1987 mit Jorginho und 1989 Meister wurde. Anschließend ging er zu Palmeiras, wo er 1993 und 1994 weitere brasilianische Meistertitel sammelte.

Eigentlich ein Spieler, der sehr viel Tempo machen kann, wurde er 1994 in die Defensive zurückbeordert und deswegen von den Fans kritisiert. Aber er beugte sich der Entscheidung von Trainer Parreira. »Für meine Karriere war das keine gute WM – aber trotzdem glaube ich, daß auch ich meinen Beitrag zum Titelgewinn geleistet habe. Daß wir den Brasilianern so viel Freude schenken konnten, ist wichtiger als meine persönlichen professionellen Interessen und meine Reputation«, versuchte er sich hinterher selbst zu beschwichtigen. Nach der WM spielte er einige Jahre in Japan, kehrte dann aber 1997 nach Brasilien zu Palmeiras zurück und hofft jetzt auf eine erneute WM-Teilnahme 1998.

Auch außerhalb des Spielfeldes ist Fußball Teil seines Lebens. In Nova Iguaçu im Bundesstaat Rio de Janeiro ist er Besitzer eines Zweitliga-Vereines. Nach dem Vorbild von Zicos Fußballschule werden auch in Zinhos Verein vorwiegend Jugendliche ausgebildet, die aus sozial schwachen Verhältnissen stammen.

Als Jugendlicher hatte Zinho selbst von der Initiative einer Dame profitiert, die in Nova Iguaça eine kleine Privatschule besaß und merkte, wie sehr die Kinder sich für den Fußball begeisterten. »Ihr habe ich alles zu verdanken«, erinnert sich Zinho heute. Bei einem Spiel seiner Mannschaft gegen Flamengo erzielte Zinho drei Tore gegen seinen Traumverein und wurde prompt von einem Späher entdeckt.

Nach der WM und seinem Wechsel nach Japan verschwand Zinho zunächst von der internationalen Bildfläche. Erst nach seiner Rückkehr zu Palmeiras wurde Zagalo wieder auf ihn aufmerksam. Bis heute bestritt Zinho insgesamt 55 Länderspiele und erzielte sieben Tore.

Der Weg nach Frankreich

Der Weg nach Frankreich begann für die Brasilianer bereits wenige Tage nach dem Triumph von Los Angeles. Mario Jorge Lobo Zagalo, Technischer Direktor bei der WM in den USA, übernahm zum zweiten Mal nach seinem zwischenzeitlichen Abschied 1974 das Amt des Cheftrainers und löste Carlos Alberto Parreira ab, der bereits vor den Titelkämpfen angekündigt hatte, nach Ende des Turniers nicht mehr zur Verfügung zu stehen.

Das Angebot seines Verbandes erhielt Zagalo ausgerechnet am 9. August, seinem 63. Geburtstag. »Ich fühle mich noch jung genug für einen Neuanfang«, reagierte Zagalo auf den Anruf von Verbandspräsident Ricardo Teixeira. Und über seine Ziele ließ der alte Wolf keine Zweifel: Einen Radikalschnitt innerhalb der Mannschaft und Fußball als Kunst wolle er durchsetzen, eine Abkehr vom Ergebnisfußball der WM in den USA.

Erste große Zwischenstation sollten die Olympischen Sommerspiele in Atlanta sein. Noch nie zuvor hatte eine brasilianische Mannschaft Olympisches Gold gewinnen können. Die Silbermedaille 1984 in Los Angeles – damals u. a. mit Romário, Bebeto, Taffarel, Jorginho – war bis zu diesem Zeitpunkt das beste Ergebnis. Bei Olympia '92 in Barcelona waren die Brasilianer gar in der Qualifikation auf der Strecke geblieben.

Zagalo erklärte deshalb die Vorbereitung auf die Spiele in Atlanta zur höchsten Priorität, berief neue Akteure, wie Amoroso, Juninho, Sávio, Roberto Carlos, Zé Elias, Flávio Conceição und natürlich Ronaldo, der in den USA noch auf der Bank gesessen hatte. »Wir haben eine gute Ernte von neuen Talenten. Mit denen müßte es in Atlanta klappen«, glaubte Verbandspräsident Ricardo Teixeira, der sich zum Ende des Jahres

1994 mit einer ganz anderen, neuen Konstellation auseinandersetzen mußte. Staatspräsident Cardoso hatte zu diesem Zeitpunkt Teixeiras Intimfeind Pelé zum Sportminister ernannt und der Korruption im brasilianischen Sport den Krieg erklärt. Mit gequälter Miene nahm Teixeira die Entscheidung auf: »Pelé ist ein Segen für den Sport. Der richtige Mann im richtigen Amt.« Teixeira wußte, daß von nun an ein anderer, für ihn weniger günstiger Wind wehen würde.

Zagalo bastelte derweil an seinem Team für Olympia. Weg von der defensiv eingestellten 4–4–2-Formation der WM 94, wollte Zagalo mit einem 4–3–1–2-System die Herzen der Brasilianer gewinnen, indem er einen offensiven Mittelfeldspieler unmittelbar hinter die beiden Spitzen postierte. Doch schon bald zeigte sich, daß das Experiment mit dem »Einser« zum Scheitern verurteilt sein würde. Die Spieler kamen mit der neuen Raumaufteilung nicht zurecht, deshalb kehrte Zagalo nach vielen Versuchen später wieder zum 4–4–2-System zurück.

Die Höhepunkte des Jahres 1995 endeten mit unterschiedlichen Erfolgen für das Team. Beim Umbro-Cup in England brannten die Brasilianer ein regelrechtes Feuerwerk ab. Verstärkt mit den Weltmeistern Dunga, Jorginho, Zinho, Márcio Santos und Aldair, gewannen sie ihre drei Spiele und begeisterten vor allem beim 3 : 1 gegen Gastgeber England, bei dem Pelé auf der Ehrentribüne begeistert Beifall spendete. Entdeckung des Turniers war vor allem Mittelfeldspieler Juninho, der die Zuschauer mit seinen Dribblings und angeschnittenen Freistößen verzauberte. Aber auch Ronaldo und Edmundo überzeugten bei ihrem ersten bedeutenden internationalen Auftritt.

Für Zagalo hatte das Turnier in England einen höheren Stellenwert als die Copá América, die wenig später in Uruguay stattfinden sollte. »In England«, hatte Zagalo gesagt, »geht es um das Ansehen des brasilianischen Fußballs – in Uruguay geht es um nichts.« Einige Wochen vor Beginn der Copá América hatte er noch damit gedroht, seine zweite Garnitur nach Uruguay zu schicken, machte dann aber doch eine kom-

Lebende Legenden, die auch als ergraute Herren noch die Stadien füllen: die Kapitäne der Weltmeister-Mannschaften Mauro (1962), Bellini (1958) und Carlos Alberto (1970, v.l.) mit dem Coupe Jules Rimet, der vor 28 Jahren endgültig in Brasilien blieb.

Die berühmteste Nummer 10 der Fußball-Geschichte: Pelé im Trikot seines FC Santos (oben) und vor seinem vorletzten Länderspiel am 11. Juli 1971 gegen Österreich (1:1), in dem er sein letztes Auswahltor erzielte. Brasilien spielte mit: Félix, Zé Maria, Clodoaldo, Rivelino, Pelé, Tostão, Zequinha, Piazza, Everaldo, Brito, Gerson (v.l.). Am 18. Juli gegen Jugoslawien war endgültig Schluß.

Socrates, dem Dirigenten der WM-Teams 1982 und 1986, sagte man nach, er trainiere wenig, trinke und rauche dafür aber um so mehr. Offenbar beließ er es nicht dabei…

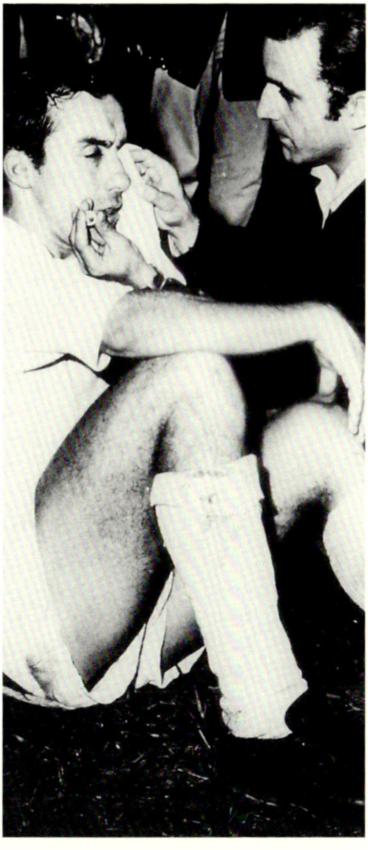

Eine schwere Augenverletzung erlitt Tostão 1968 im Spiel seines Clubs Cruzeiro gegen Corinthians; sie zwang ihn letztlich fünf Jahre später zum unfreiwilligen Abschied von der großen Fußball-Bühne.

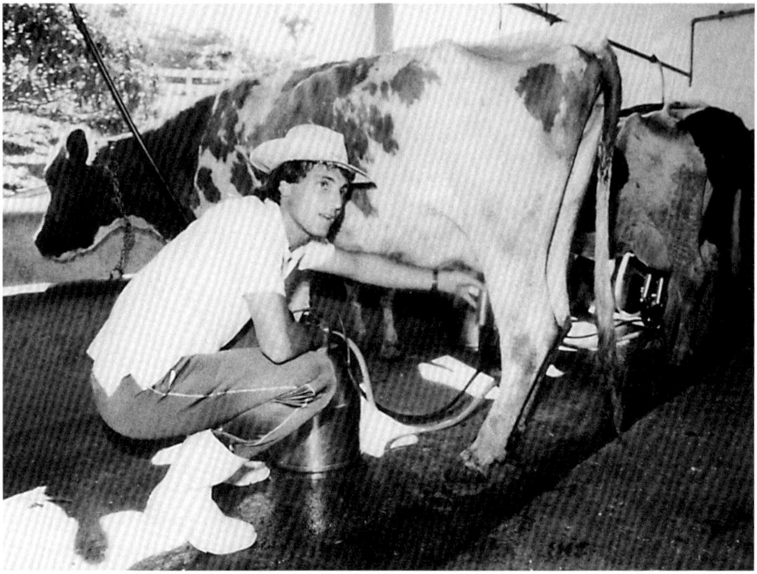

Oscar, heute Fazenda-Besitzer, trat 1977 die Nachfolge von Carlos Alberto im Deckungszentrum der Brasilianer an. Zur Endrunde 1986 erhielt dann allerdings Júlio César, seit 1994 bei Borussia Dortmund, den Vorzug.

Der »weiße Pelé« wurde Zico genannt – und oftmals auf dem Feld entsprechend behandelt … Der dreimalige WM-Teilnehmer steht in Frankreich Mario Zagalo als Technischer Direktor zur Seite.

Brasilien bei einer WM ohne Masseur Mario Américo, den Mann mit Eimer und Flaschengurt? Über 24 Jahre, von 1950 bis zu seiner letzten WM 1974 (auf dem Foto mit Edu, links, und Marco Antonio, rechts), war das undenkbar.

1982 zum zweitbesten Spieler des WM-Turniers gewählt, verhalf Paulo Roberto Falcão ein Jahr später dem AS Rom wieder zur Meisterschaft in Italien nach 41jähriger Unterbrechung.

Die besten Vereine rissen sich schon immer um Brasiliens Elitekicker, denn sie zelebrierten Fußball und lockten die Massen in die Stadien – ob das vor fast vierzig Jahren Didi (hier mit Rial, di Stefano und Puskás, v.l.) bei Real oder Vavá bei Atletico Madrid waren …

… oder ob das in den Neunzigern Giovane Elber (VfB Stuttgart/seit 1997 Bayern München) ist. In seiner Heimatstadt Londrina unterstützt Elber ein Schulprojekt für bedürftige Kinder, die er auch immer wieder mal besucht.

17. Juli 1994, Rose Bowl Stadium, Pasadena: Der neue Fußball-Weltmeister verneigt sich vor dem im Mai des gleichen Jahres tödlich verunglückten dreimaligen Formel 1-Weltmeister Ayrton Senna: »Senna, wir geben zusammen Gas. Der vierte Titel ist unserer«, steht auf dem Transparent.

Jorginho (links) und Bebeto nahmen im zurückliegenden Jahrzehnt als Auswahl-Stammspieler gemeinsam alle Höhen und Tiefen mit. Der olympischen Silbermedaille 1988 folgten der mißratene WM-Auftritt in Italien und schließlich das Happy-End 1994. Bebeto nimmt 1998 erneut Anlauf.

Mit seinem neuen Traumpaar Rô-Rô, Ronaldo (links) und Romário, hat Brasilien denkbar beste Angriffs-Trümpfe in der Hand, den letzten WM-Titel dieses Jahrhunderts an den Zuckerhut zu holen.

Auf den 5. WM-Triumph hofft natürlich auch Sportminister Pelé, der nicht nur mit den Jungen ab und an noch kickt, sondern Gesetze auf den Weg bringen will, die mehr Chancengleichheit und eine bessere Ausbildung ermöglichen sollen.

plette Kehrtwende: »Wo wir spielen, treten wir in Bestbesetzung an und wollen auch gewinnen.« Bis zu diesem Zeitpunkt ungeschlagen, überstand Brasilien die Vorrunde mit drei Siegen. Im Viertelfinale wartete Erzrivale Argentinien, der mit Trainer Daniel Passarella ebenfalls eine neue Ära, das Nach-Maradona-Zeitalter, eingeläutet hatte.

Ein Prestige-Duell der Nachbarn, das die Massen in beiden Ländern bewegt. Bei Brasilien erstmals seit der WM wieder dabei: Torhüter Taffarel, der zwischenzeitlich ohne Verein war und sich zeitweise sogar in einer Elf von Priestern als Stürmer versucht hatte. Hatte er in der Vorrunde noch wenig zu tun bekommen und war ohne Gegentor geblieben, wurde er von den Argentiniern in der ersten Halbzeit durch Batistuta und Balbo zweimal kalt erwischt. Die Kritiker, die Taffarel vorwarfen, sich hin und wieder historische »Frangos« (Hähnchen), also absolut haltbare Treffer, einzufangen, fühlten sich erneut bestätigt. Edmundo war zwischenzeitlich der Ausgleich gelungen. Mit einem 2 : 1 ging Argentinien in die Kabine, bevor es kurz nach dem Wechsel zum Eklat kam. Mittelstürmer Túlio erzielte den Ausgleich, hatte den Ball aber zuvor mit der Hand vorgelegt. Trotz heftiger Proteste gab der Unparteiische das Tor und schickte kurz darauf Trainer Passarella auf die Tribüne. Es blieb beim 2 : 2, und Brasilien gewann das Elfmeterschießen dank Taffarel, dessen Mißgeschicke augenblicklich vergessen waren. »Argentinien beraubt!« titelten die Gazetten in Buenos Aires, »Grüß Gott, Diego Maradona!« konterten die brasilianischen Kollegen. Und Galvão Bueno, Star-Kommentator des brasilianischen Fernsehens, faßte zusammen: »Gegen Argentinien schmeckt jeder Sieg besser als jeder andere, egal wie er zustande kommt.«

Zagalo hielt sich zurück und ahnte wohl auch, was folgen würde. Im Halbfinale quälte sich sein Team, wie schon bei der WM, noch zu einem 1 : 0 gegen die USA, doch im Finale gegen Uruguay riß Brasiliens Serie. Zwar ging die Mannschaft noch 1 : 0 in Front, ließ sich aber sehr früh in die Defensive zurückfallen und kassierte durch einen Freistoß das 1 : 1. »Haltbar«, wie Verbandspräsident Teixeira glaubte und deshalb nach dem Spiel – mit Erfolg – die zwischenzeitliche Verbannung Taffarels forderte. Túlio vergab im folgenden Elfmeterschießen den entscheidenden Strafstoß, und Brasilien mußte weiterhin auf seinen ersten Südamerika-Titel auf fremdem Boden warten. Zagalo, der bis dahin offensiv spielen ließ, wurde von den Medien nach der Niederlage gegen Uruguay und dem frühen Umschalten auf die Defensive erstmals offen kritisiert. Brasilien habe Ergebnisfußball, die alte Neigung Zagalos, gezeigt, keine Spur mehr vom angekündigten Spektakel.

Bis zum Jahresende testete die Nationalelf erneut und kam dabei unter anderem in Argentinien mit einer verstärkten Reserve zu einem 1 : 0-Erfolg. Vor dem Spiel hatten Passarella und Zagalo noch heftige Wortgefechte wegen des Skandalspiels bei der Copa América ausgetragen, einige argentinische Spieler sogar »Krieg auf dem Rasen« angedroht. Der Erfolg der Brasilianer machte jedoch das unglaubliche Potential gegenüber den argentinischen Nachbarn deutlich, die mit ihrer vermeintlichen Bestbesetzung während der neunzig Minuten kaum eine Torchance erarbeiteten.

Das Olympia-Jahr begann Brasilien mit einem zweiten Platz beim Gold-Cup in den USA. Die Mannschaft, die einige Wochen später in Argentinien die Olympia-Qualifikation spielen sollte, unterlag der ersten Garnitur Mexikos im Finale erst nach langem Kampf mit 0 : 2, und Zagalo ging gestärkt in die Qualifikation, die vier Jahre zuvor mit einem dramatischen Ausscheiden der Brasilianer geendet hatte.

Diesmal sollte jedoch alles relativ glatt verlaufen. Einziger Zwischenfall im Trainingslager war die »Flucht« von Mittelfeldspieler Arilson, damals beim 1. FC Kaiserslautern unter Vertrag. Ohne Aussicht auf einen Einsatz, hatte der sich von der Mannschaft abgesetzt, um seinem Verein in Deutschland im Abstiegskampf zu helfen. Umsonst, denn für seine Reiselust wurde Arilson bis zum Ende der Qualifikationsspiele gesperrt und durfte somit auch die Spiele seiner Roten Teufel vom Betzenberg nur am Bildschirm verfolgen. Seine Nationalmannschaftskollegen beendeten das Ausscheidungsturnier in Argentinien nach einem 2 : 2 gegen die Gastgeber als Gruppensieger.

Der Weg nach Atlanta war frei. Es blieb die Frage, wen Zagalo für die drei Positionen der Spieler über 23 Jahre nominieren würde. Dunga schien zunächst gesetzt, wurde dann aber durch Aldair ersetzt. Der zweite sichere Mann hieß Bebeto. Auf Romário verzichtete Zagalo, weil der 1995 ein »Ruhejahr« eingelegt und auf die Berufung in die Nationalmannschaft verzichtet hatte. Doch gerade Dunga wegen seiner Führungs- und Romário wegen seiner Torjägerqualitäten wurden von der Öffentlichkeit immer wieder gefordert, aber Zagalo blieb bei seiner Entscheidung und nominierte Rivaldo, in der ersten Jahreshälfte der überragende Spieler in Brasilien.

»Wir kommen mit Gold auf der Brust heim«, kündigte Zagalo vor der Abreise nach Atlanta vollmundig an. Zwei Tage vor dem Auftaktspiel gegen Japan lancierte der brasilianische Nationaltrainer dann auch noch sein neues Buch »Zagalo – Die Geschichte eines Gewinners«. Die idyllische Ruhe im brasilianischen Trainingslager wurde lediglich durch die laufenden Vertragsverhandlungen zwischen Ronaldo und den Vertretern des FC Barcelona gestört. Ronaldo unterschrieb noch vor Turnierbeginn, die Katalanen flogen glücklich nach Hause.

Das Spiel gegen die Japaner, die Lehrlinge, die den Fußball noch wenige Jahre zuvor in Gestalt von Superstars wie Zico importiert hatten, schien nur eine Formsache. Doch es kam anders. Ein Mißverständnis zwischen Torhüter Dida und Verteidiger Aldair führte zum einzigen Tor des Spiels: 1 : 0 für Japan – Zagalo fehlten nach dem Spiel die Worte. Ein mühsames 3 : 1 gegen die Ungarn und ein hart erkämpftes 1 : 0 gegen Nigeria reichten für das Viertelfinale. Doch gerade gegen die Afrikaner hatten die Brasilianer bis an ihre Grenzen gehen müssen. Zé Elias, neben Torschütze Ronaldo einer der Hoffnungsschimmer im brasilianischen Team, hatte nach dem Spiel kaum noch in die Kabine laufen können. »Nicht zu fassen, wie stark die sind«, suchte Kämpfer Zé Elias nach einer Erklärung.

Im Viertelfinale stand Brasilien erneut eine afrikanische Mannschaft gegenüber. Diesmal Ghana. In einem begeisternden Spiel machten die Zagalo-Schützlinge einen 1 : 2-Rückstand wett und gewannen mit 4 : 2. Bebeto bot dabei sein erstes überzeugendes Spiel, und Ronaldo schien auf dem besten Weg zum Superstar von Atlanta. Schon im nächsten Spiel, wieder gegen Nigeria, war dann aber Endstation. Ironie des Schicksals, daß Brasilien eine Stunde lang Traumfußball bot, mit 3 : 1 in Führung lag, zwei klare Chancen zum 4 : 1 hatte und am Ende doch nicht gewann. Das Drama begann mit einem Fehlpaß von Rivaldo im Mittelfeld. Der folgende Konter führte zum Anschlußtreffer. In der Schlußminute sah die gesamte Abwehr tatenlos zu, wie Kanu den Ball nach einer Ecke im Fünfmeterraum in aller Seelenruhe ins Tor spitzelte. Nachdem Ronaldo kurz darauf ausscheiden mußte, war klar, daß der »Plötzliche Tod« in der Verlängerung schnell folgen würde. 4 : 3 für Nigeria durch Kanu – Brasilien muß weiter auf olympisches Gold warten. Das 5 : 0 im Spiel um den dritten Platz gegen Portugal wurde von den Spielern fast mit Gleichgültigkeit zur Kenntnis genommen und in der Heimat wie eine Niederlage bewertet.

Zurück in Brasilien, gab Zagalo eine neue Marschroute aus: »Wir müssen den verlorenen Boden in Frankreich wieder gutmachen.« Doch Zagalo, der Erfolgstrainer, insgesamt viermal Weltmeister als Spieler, Trainer und Technischer Direktor, hatte einen weiteren Zacken aus seiner Krone verloren, die Kritik an ihm wurde heftiger. An seiner Position wagte jedoch niemand zu rütteln, auch wenn zaghaft Alternativ-Kandidaten genannt wurden, wie Wanderley Luxemburgo vom Erfolgsteam Palmeiras São Paulo oder Felipe Scolari von Südamerika-Meister Gremio Porto Alegre. Der Verbandspräsident beendete alle Diskussionen schon im Ansatz: »Zagalo wird die Mannschaft zur WM führen.«

Zu Beginn des neuen Jahres 1997 standen aber weniger Zagalo und auch nicht die »Ronaldomania« beim FC Barcelona im Mittelpunkt. Für Gesprächsstoff sorgte vielmehr der neue Ausrüstervertrag der Nationalmannschaft, die von Umbro auf Nike umstieg und eine bis dahin nie erreichte Summe von den Amerikanern kassierte. Bei einem Freundschaftsspiel gegen Polen wurde die neue Kluft im Februar 1997 vorgestellt. Das 4 : 2 gegen die Polen steht aber nicht nur für die Geburt einer wirtschaftlichen, sondern auch einer sportlichen Nachbarschaft. Es war die Geburt des Sturm-Duos Ronaldo und Romário, von »Rô-Rô«, die bei der WM 94 noch nicht zusammen spielen konnten, bei der WM 98 aber Brasilien erneut zum Titel führen sollen. Lange Zeit hatte sich Zagalo geweigert, Romário einzuladen; daß es ausgerechnet bei der Lancierung des neuen Sponsors klappen sollte, hielten viele nicht für einen Zufall.

Wurde über den Einfluß des Sportartikel-Konzerns bei der Nominierung Romários nur spekuliert, wandelte sich die Reaktion der Medien bei der Beeinflussung des Terminkalenders durch den Sponsor in offene Kritik. Die hohe Zahl der Testspiele und Turniere mit zum Teil zweitrangiger Besetzung ließen am Charakter des Verhältnisses zweifeln, stand doch häufig offensichtlich nur der wirtschaftliche Aspekt im Vordergrund.

Unbestritten war allerdings der sportliche Wert des internationalen Turniers in Frankreich, ein Jahr vor der WM. Gegen die europäische Elite mit Italien, England und Gastgeber Frankreich wollte Brasilien seinen Standort ausloten. Der Test gelang weitgehend, auch wenn die Hintermannschaft noch einige unübersehbare Schwächen zeigte. Zwei Unentschieden gegen Frankreich und Italien sowie ein Sieg gegen die Engländer reichten lediglich zu Platz zwei. Die große Entdeckung war Linksfuß Denílson vom FC São Paulo, der nach dem Turnier mit Angeboten aus Europa überhäuft wurde. Vor dem Turnier in Frankreich hatte aber auch er nicht verhindern können, daß Brasiliens A-Team im Freundschaftsspiel gegen Norwegen mit 2 : 4 die erste Niederlage in der neuen Ära Zagalo einstecken mußte.

Wie schon 1995 folgte kurz nach dem Turnier in Europa die Copa América, diesmal in Bolivien. Doch bis auf die Gastgeber und Weltmeister Brasilien waren die meisten Teams mit einer verstärkten Reserve vertreten, lief doch zur gleichen Zeit die WM-Qualifikation. Zagalo, in der Heimat mittlerweile immer mehr in der Schußlinie der Kritik, wollte die Copa América diesmal jedoch um jeden Preis gewinnen, egal gegen welche Gegner und unter welchen Umständen. Die größte Sorge bereitete Zagalo die Vorstellung, in der Höhenluft von

La Paz in einem Finale auf die Gastgeber zu treffen. Und genau zu diesem Spiel sollte es dann kommen. Brasilien war bis zu diesem Zeitpunkt fast mühelos durch das Turnier marschiert. Im Halbfinale wurde Peru mit 7 : 0 überrollt. Romário verließ dabei kurz vor Schluß mit einer vermeintlichen Zerrung den Platz.

Eine Verletzung mit Folgen, denn als der Torjäger zwei Tage vor dem Finale bei einer nächtlichen Tour gesichtet wurde, war nichts mehr von einer Zerrung zu sehen. Zagalo verbannte Romário empört auf die Bank und anschließend erneut einige Monate aus der Nationalmannschaft. Romário und Zagalo – ein Streit, der im Dezember 1992 zum ersten Mal offen ausgebrochen war, als Romário sich vor dem Spiel gegen Deutschland in Porto Alegre geweigert hatte, auf der Bank Platz zu nehmen und erst vor dem entscheidenden Qualifikationsspiel gegen Uruguay im September 1993 von Trainer Parreira zurückgeholt wurde. Zagalo hat nie einen Hehl daraus gemacht, daß er den Lebensstil von Romário nicht akzeptiert, ihm andererseits aber auch nie seine genialen fußballerischen Fähigkeiten aberkannt.

Auch ohne Romário gelang Brasilien ein hart erkämpfter 3 : 1-Sieg gegen die Bolivianer, die beim Stand von 1 : 1 lange Zeit dem Führungstor nahe waren, sich dann aber durch zwei Alleingänge von Ronaldo und Zé Roberto mit 1 : 3 geschlagen geben mußten. Glück für Brasilien, daß der Unparteiische ein klares Revanchefoul von Edmundo übersah, den Zagalo unmittelbar nach seiner Tat auswechselte. Edmundo – ebenso wie sein Busenfreund Romário ein Freund der leichten Lebensart, Individualist, »Bad Boy«: ein fußballerisches Genie, den seine emotionale Unausgeglichenheit immer wieder um das Erreichen höherer Ziele gebracht hat. Streitigkeiten mit Trainern, Vereinsbossen, gegnerischen Spielern und eigenen Mannschaftskameraden trugen ihm den Spitznamen »Animal« ein, den er von einem berühmten Radioreporter eigentlich für seine unglaublichen Dribblings bekommen hatte.

Zagalo nutzte den Sieg bei der Copa América, um seine Kritiker zurechtzuweisen. Wenige Sekunden nach dem Schlußpfiff und ob der Höhenluft fast ohne Atem, entlud er vor den Mikrofonen der brasilianischen TV-Sender, was sich zuvor aufgestaut hatte: »Ihr werdet mich schlucken müssen. Dieser Sieg ist für alle, die Brasilien lieben, und nicht für jene, die es kaputtmachen wollen.«

War international der Ruf der »Seleção« wieder ins Lot gebracht worden, die Kritik an Zagalo verstummt, hatten sich in der Heimat nahezu unglaubliche Dinge zugetragen. Ein Unbekannter hatte einen Telefon-Mitschnitt an das brasilianische Fernsehen geschickt, in dem Gespräche zwischen dem Vorsitzenden des Schiedsrichter-Ausschusses, Ivens Mendes und diversen Vereinspräsidenten, vorrangig denen der Erstligisten Corinthians Paulista und Atletico Paranaense, aufgezeichnet worden waren. Mendes hatten den Präsidenten dabei ein »Händchen« bei der Auswahl der Schiedsrichter versprochen, falls sie ihm einen Betrag für seinen Wahlkampf als Landtagsabgeordneter zur Verfügung stellen würden. Verbandspräsident Teixeira, der zunächst von nichts wissen wollte und unter dessen Dach der Schiedsrichter-Verband untergebracht ist, gab schließlich nach und suspendierte Mendes. Atletico Paranaense wurde zum Zwangsabstieg aus der ersten Liga verurteilt. Eine Entscheidung, die schließlich eine Woche später von der Sportjustiz rückgängig gemacht wurde. Begründung: Da der Verdacht nahe liege, daß auch andere Vereine die Dienste des Ivens Mendes in Anspruch genommen hätten, könne nicht nur Atletico bestraft werden. Im Zweifel müsse zugunsten des Angeklagten entschieden werden – Atletico wurde wieder in die erste Liga zurückgestuft.

Teil zwei der unglaublichen Geschichte: Nach der Amnestie für Atletico protestierte auch Absteiger Fluminense. Es sei nicht ausgeschlossen, daß auch der Verein aus Rio durch Schiedsrichter-Entscheidungen benachteiligt worden sei. Ein Argument, das auch der zweite Erstliga-Absteiger, Bragantino, in die Waagschale warf. Kompromiß auf brasilianisch: Die Liga wird von 24 auf 26 Vereine aufgestockt, kein Verein steigt ab. In den Medien wurde die Entscheidung mit einer Mischung aus Humor und Fassungslosigkeit hingenommen. Ricardo Teixeira nahm daraufhin erst einmal kurzfristig Urlaub, um vor den Fragen der Journalisten zu flüchten.

Der ganze Zwischenfall ist ein Symbol: Denn moralisch an ihrem Tiefpunkt angelangt, entwickelt sich die brasilianische Liga sportlich und wirtschaftlich immer mehr zu einem Fiasko: Die Zuschauer bleiben aus, andererseits gibt es immer noch mehr Spiele – die Meisterschaft hat inzwischen auch ihren letzten Kredit verspielt. Für den Traditionsverein Fluminense brachte der Sieg am »Grünen Tisch« allerdings wenig. Der juristisch sichergestellte Klassenerhalt erwies sich in der laufenden Saison als wertlos: Fluminense stellte einen traurigen Rekord auf und wurde als Vorletzter der Tabelle sowieso zum Absteiger. Ob es 1998 allerdings zum tatsächlichen Abstieg kommen wird, ließ Verbandspräsident Teixeira, der an eine weitere Aufstockung der Liga denkt, weitgehend offen. Schließlich ist Schwiegervater João Havelange Ehrenpräsident des Traditionsvereins ...

Nachdem sich Vasco da Gama in der Skandal-Saison den Titel gesichert hatte, brach die Nationalmannschaft zum Jahresende zu einer Reise in die Arabischen Emirate auf, wo das Starensemble auf die Meister der anderen Kontinente traf. Ausgelaugt von der Marathonsaison, quälten sich die Spieler durch das Turnier und erreichten in der Vorrunde gegen Australien nur ein trostloses 0 : 0. Besonders Ronaldo waren die lange Saison und die fehlende Motivation anzumerken. Lediglich Romário, seit der Copa América erstmals wieder dabei, konnte einigermaßen überzeugen. Ein 2 : 0 im Halbfinale gegen die Tschechen, die anstelle von Europameister Deutschland ins Turnier gerückt waren, und ein 7 : 0-Kantersieg gegen Australien sorgten für einen einigermaßen versöhnlichen Abschluß, vor allem auch deshalb, weil Ronaldo im Turnierverlauf wieder seinen Weg zum Tor gefunden hatte.

Endete das alte Jahr also noch einigermaßen erträglich, erlebte Zagalo zu Beginn des WM-Jahres 1998 beim Gold-Cup in den USA einen wahren Alptraum: Ohne einige Stammspieler wie Ronaldo, Roberto Carlos oder Cafú stolperten die Brasilianer von einer Blamage in die andere: 0 : 0 gegen Jamaika,

1 : 1 gegen Guatemala. Lediglich Neuling Giovane Elber vom FC Bayern München sorgte mit seinen beiden Treffern beim 4 : 0 gegen El Salvador für ein wenig Erheiterung auf Zagalos düsterer Miene. Doch die verfinsterte sich recht schnell wieder, als Brasilien im Halbfinale gegen die US-Boys mit 0 : 1 unterlag. Harsche Kritik aus der Heimat und der Ruf nach einem Assistenten für Zagalo waren die Folge. Eine Kritik, die nach einem mageren 1 : 0 gegen Jamaika im Spiel um den dritten Platz nur neue Nahrung erhielt. Während Verbandspräsident Teixeira die Berufung eines Assistenten für möglich hielt, schloß Zagalo diese Konstellation kategorisch aus: »Der einzige, den ich akzeptiere, ist Parreira, doch der steht in Saudi-Arabien unter Vertrag.«

Kritik kam auch von Sportminister Pelé, der Romário wegen seiner zahlreichen ausgelassenen Chancen gegen die USA rügte. Der konterte beleidigt: »Pelé soll sich um sein Ministerium kümmern, den Rest besorge ich schon.«

Insgesamt wird gegenwärtig in Brasilien die unbefriedigende Koordination der Arbeit in der Nationalmannschaft kritisiert. Sponsor Nike wird für den überfüllten Terminkalender und die Teilnahme an sportlich wertlosen Turnieren verantwortlich gemacht. Trotz eklatanter Mängel in der Struktur setzen die Brasilianer vor allem auf das Talent ihrer Spieler, auf deren Fähigkeiten, im entscheidenden Moment improvisieren zu können. Besonders auf drei Spielern, die bei der WM 1994 noch nicht zum Einsatz kamen, liegen die Hoffnungen:

Die Stars von heute

Nazario de Lima Ronaldo Luiz
** Rio de Janeiro, 22. September 1976*
Eigentlich sollte sein Stern schon vor vier Jahren bei der WM in den USA leuchten. Damals gerade 17 Jahre alt, sollte Ronaldo auf den Spuren von Pelé wandeln und den ersten großen

Titel feiern. Den Titel gewann er zwar offiziell mit, zum Einsatz kam er in den Staaten freilich noch nicht. Selbst ein Gesuch des damaligen Staatspräsidenten Itamar Franco wurde von Trainer Parreira während der WM abgelehnt. »Meine Mutter hat es nicht geschafft, mich zu überzeugen, dann schafft es auch der Staatspräsident nicht«, reagierte Parreira. Vor allem das Doppel Romário und Ronaldo hätten die Brasilianer schon in den USA gemeinsam stürmen sehen wollen.

Ohne ein einziges WM-Spiel absolviert zu haben, wurde Ronaldo von einer Reihe von europäischen Spitzenklubs umworben. Aad de Mos, damals Trainer des PSV Eindhoven, nutzte seine Kontakte nach Brasilien und holte den Jungstar für zwei Millionen Dollar von Cruzeiro Belo Horizonte nach Europa. Eingefädelt wurde der Wechsel von Ronaldos Beratern, dem Doppel Reinaldo Pitta und Alexandre Martins, die sich frühzeitig die Rechte an Ronaldo gesichert hatten. Drei Jahre zuvor war der von Bento Ribeiro, einem Stadtteil im Süden Rio de Janeiros, zu São Cristovão, einem Zweitliga-Verein in Rio de Janeiro, gewechselt. Alfredo Sampaio, heute noch Trainer von São Cristovão, waren die überdurchschnittlichen Fähigkeiten Ronaldos aufgefallen, und er riet Pitta/Martins, in den Jungen zu investieren. »Er war ein Rohdiamant, das war klar. Daß er allerdings einen solchen Sprung machen würde, davon konnte wirklich niemand ausgehen«, erinnert sich Sampaio, der heute als Präsident der brasilianischen Spielergewerkschaft fungiert.

Ronaldo, der aus einfachen Verhältnissen stammt und der schon seit früher Kindheit seine Mutter beim täglichen Kampf um den Lebensunterhalt unterstützte, begann in Bento Ribeiro in einer Art Schülermannschaft. Zunächst ein Talent von vielen, schien seine Stunde bei einem Probetraining bei seinem Traumverein Flamengo zu schlagen. Die Trainer waren zufrieden, luden ihn erneut ein, doch bei der Heimfahrt wurde Ronaldo überfallen, verlor seine Uhr, für die er Monate gespart hatte, und die Bus-Tickets, mit denen er zum Flamengo-Training gefahren wäre. São Cristovão nahm die Gelegenheit beim Schopf, und als Pitta/Martins bei einem Testspiel der Jugendmannschaft vorbeischauten, Ronaldo acht Treffer erzielte, war das Schicksal des Stürmers mit den damals noch hervorstehenden Zähnen besiegelt. Für eine Summe zwischen 5000 und 10 000 Dollar kauften die Spielberater den Paß Ronaldos und brachten ihn kurze Zeit später bei Cruzeiro unter.

Den Anteil, den Ronaldo bekam, lieferte er zu Hause ab und ließ das beschädigte Wohnzimmersofa überholen. An seiner Sparsamkeit hat sich bis heute nichts geändert. Als er in Barcelona einen Millionenvertrag unterschrieb und in einer Prachtvilla untergebracht wurde, war seine einzige Sorge, ob es in der Wohnung ein Telefon gebe oder ob er, wie in Brasilien üblich, eine eigene Leitung kaufen müsse. »Geld ist mir nicht so wichtig. Viel wichtiger ist der Ruhm, einmal einer der erfolgreichsten Torjäger der Geschichte zu sein«, sagt Ronaldo. Ein Ruhm, an dem er bereits erfolgreich gearbeitet hat. Zweimal hintereinander, 1996 und 1997, wurde er bereits zum Weltfußballer des Jahres gewählt. Mehrfach gewann er bei seinen Vereinen die Torjägerkrone.

Nationaltrainer Zagalo baut deshalb auf ihn, vor allem, weil er physisch und psychisch enorm gereift sei: »Als er nach Eindhoven ging, war er noch ein Junge, jetzt ist er ein Mann.« Das Training in Eindhoven hatte Ronaldos Muskulatur enorm gestärkt, seine Explosivität im Antritt deutlich verbessert. Die gewaltigen Summen, die im Zusammenhang mit seinen Transfers ins Spiel gebracht wurden, scheinen ihn – noch – nicht sonderlich zu beunruhigen. »Ich denke manchmal, daß er derjenige ist, den das Ganze am wenigsten belastet«, sagt Mutter Sonia, die ihren Sohn noch nach Eindhoven begleitet hat, heute jedoch fast nur noch per Telefon mit Ronaldo sprechen kann. Daß der ganze Rummel ihm irgendwann über den Kopf wachsen könnte, befürchtet sie allerdings nicht. »Ronaldo hat sich bisher kaum verändert, besucht seine Familie in Bento Ribeiro, geht mit den Freunden in die Funk-Diskotheken von Rio de Janeiro. Er hat seine Wurzeln nicht vergessen«, sagt sie.

Sportlich hat der Stürmer dennoch die ersten Rückschläge einstecken müssen. Nach seinem umstrittenen Wechsel von Barcelona zu Inter Mailand, der bis zuletzt auf der Kippe stand, hatte ihm der Vereinspräsident nach einigen Spielen ohne Torerfolg sogar damit gedroht, notfalls auch die Bank drücken zu müssen. Die Anwort folgte auf dem Fuß: Ronaldo erzielte im folgenden Spiel das Siegtor seiner Mannschaft, die Diskussion um die Reservebank war vergessen.

Die zwischenzeitliche Formkrise des Jungstars, der in Brasilien heute schon als Phänomen in einem Atemzug mit Stars wie Pelé oder Garrincha genannt wird, läßt sich auf vielfältige Weise erklären. Die aufwendigen Reisen zwischen Verein und Nationalmannschaft haben ihre Spuren hinterlassen, vor allem auch deshalb, weil er in der vergangenen Sommer- und Winterpause praktisch durchgespielt hat, sich so nicht richtig regenerieren konnte. Neben der sportlichen Terminhatz mußte Ronaldinho auch eine Flut an Sponsorenterminen bewältigen. »Der Überirdische«, wie er in Barcelona genannt wurde, erledigte äußerlich zwar alle Verpflichtungen mit einer Bierruhe und einer gewissen Schüchternheit, seine innere Ausgeglichenheit dürfte das Ganze kaum gefördert haben.

Und auch auf dem Spielfeld ist der Jungstar mittlerweile nicht mehr sicher. Bei einigen Spielen der Nationalmannschaft stürmten Hunderte, vorwiegend weibliche, Fans den Platz, um Ronaldo zu umarmen. Eine heikle Situation für die Sicherheitskräfte, der Betroffene selbst nahm es gelassen: »Das sind solche Dinge, die passieren in meinem Land eben. Das gehört irgendwie dazu.«

»Noch ist er aber kein ganz Großer. So einer wie Romário etwa«, glaubt Diego Maradona, für den Ronaldo allerdings schon in Frankreich den Durchbruch schaffen könnte. »Er ist noch sehr jung und unbestritten ein Riesentalent«, sagt der Argentinier, der Verständnis für die zwischenzeitliche Formkrise des Stürmers hat. Auch andere große Spieler, ihn eingeschlossen, hätten in Italien ähnliche Erfahrungen machen müssen. In Brasilien wird er von vielen für einen potentiellen Nachfolger Pelés gehalten.

Nicht nur sportlich, auch privat durchschritt Ronaldo eine Krise. Seit Ende 1996 mit dem Fotomodell Suzanna Werner fest liiert, schienen sich dunkle Wolken am Himmel des Traumpaars abzuzeichnen. Suzanna, die als Multitalent in Brasilien sowohl als TV-Moderatorin als auch weiterhin als Fotomodell arbeitet, sah ihren Liebling immer seltener. Ronaldo selbst setzte jedoch einen Schlußpunkt unter die Spekulationen: »1998 wird geheiratet.« Daß er eher ein häuslicher Typ ist, daraus hatte er ohnehin keinen Hehl gemacht. »Ich wollte immer schnell heiraten, die Sache mit dem Traualtar schnell hinter mich bringen«, sagt Ronaldo. Suzanna, die von deutschen Einwanderern abstammt, weiß übrigens selbst auch gut mit dem runden Leder umzugehen. Schon als Kind kickte sie im Hinterhof des elterlichen Hauses und gründete später mit Freundinnen die Damen-Mannschaft von Fluminense Rio. »Leider habe ich heute kaum noch Zeit, um zu trainieren«, bedauert die blonde Brasilianerin, die sich angesichts der prekären Situation der Herren-Mannschaft einiges anhören muß. Um wieder mehr Zuschauer ins Stadion zu locken, liefen Suzanna und Co. bei einigen Partien der Herren zu Vorspielen auf, geholfen hat es allerdings wenig.

Mit dem WM-Titel in der Hand würde die Zukunft für Ronaldo sicher noch rosiger aussehen, als sie ohnehin schon erscheint. Bisher stehen lediglich die Copa América, der Europapokalsieg der Pokalsieger mit Barcelona, bei dem er das goldene Tor erzielte, sowie der Sieg beim Kontinental-Pokal Ende vergangenen Jahres auf seinem Konto. In Frankreich will Ronaldo endlich den Gipfel stürmen – diesmal als Stammspieler. Ronaldo wäre dann 21, stünde aber immer noch erst am Anfang seiner Karriere. Seinem Ziel, ein Torjäger zu werden, der in die Geschichte eingeht, würde er einen großen Schritt näherkommen. Einen kleinen Vorgeschmack bekamen die Franzosen im Dezember vor der Auslosungszeremonie in Paris, als Ronaldo gemeinsam mit dem Argentinier Batistuta in einer FIFA-Auswahl 45 Minuten lang eine wahre Show bot. In aller Freundschaft, versteht sich – und mit der ist es in Frankreich bekanntlich vorbei.

Roberto Carlos da Silva
** Garça/São Paulo, 10. April 1973*
Der kleingewachsene Linksverteidiger mit den kräftigen Oberschenkeln ist in den vergangenen Monaten wie ein Komet in der internationalen Fußballszene aufgestiegen. Nachdem er bei seiner ersten ausländischen Station Inter Mailand noch einige Anpassungsprobleme hatte, avancierte er bei Real Madrid zum Superstar und belegte bei der Wahl zum Weltfußballer des Jahres den zweiten Platz hinter Ronaldo.

Bei den »Königlichen« steht Roberto Carlos seit 1996 unter Vertrag. Ein Jahr zuvor war er von Palmeiras São Paulo zu Inter Mailand gewechselt, wo er aber nicht die sportliche Entwicklung durchmachte, die er sich eigentlich vorgestellt hatte. »Es gab zu viele Mißverständnisse, auch innerhalb der Mannschaft lief vieles daneben. Wir haben eher gegen- als miteinander gespielt«, erinnert sich Roberto Carlos an seine Zeit in Italien. 1996 holte dann Real Madrid den offensiven Verteidiger nach Spanien.

Doch der hatte neben seinem Scheitern bei Inter noch einen weiteren sportlichen Rückschlag zu verdauen: Bei den Olympischen Spielen in Atlanta hatte er mit der favorisierten brasilianischen Mannschaft Schiffbruch erlitten und war auch wegen seiner eigenen Leistung kritisiert worden. »Es lief während des gesamten Turniers bei mir nicht richtig rund«, gibt Roberto Carlos zu, der allerdings einschränkt, daß das Spiel gegen Nigeria nie hätte verloren werden dürfen. »Wir hatten einige erfahrene Spieler in unserer Mannschaft, die eigentlich reagieren mußten, als das Spiel zu kippen begann«, glaubt Roberto Carlos heute.

In Spanien tankte der angeschlagene Verteidiger dann neues Selbstbewußtsein und wurde mit Real spanischer Meister. Zu Beginn der laufenden Saison erlebte er dann den Dienstantritt des deutschen Trainers Jupp Heynckes mit. »Das ist ein ganz anderer Stil, als ich ihn bisher kannte«, meint Roberto Carlos, den der deutsche Coach nach eigener Aussage mächtig beeindruckt haben soll. Bei Real will Roberto Carlos auch den richtigen Rhythmus für Frankreich finden. Dort wird er seine erste

WM spielen, der Höhepunkt seiner bisherigen Laufbahn. Und was er besonders gut kann, das hat er den Franzosen bereits im vergangenen Jahr beim Einladungsturnier gezeigt, als er ausgerechnet gegen die Gastgeber einen seiner harten, mit dem linken Außenrist angeschnittenen Freistöße versenken konnte.

Tore, die man in Brasilien bereits reichlich von ihm gesehen hat. Dort feierte er mit Palmeiras São Paulo eine ganze Reihe von Titeln in den vergangenen Jahren, darunter zwei nationale Meisterschaften, 1993 und 1994. Palmeiras hatte Roberto Carlos 1993 verpflichtet, zuvor hatte er seine Profikarriere bei União São João de Araras, einem Verein im Bundesstaat São Paulo, begonnen.

In Araras besitzt Roberto Carlos heute eine Villa in einer Straße, die seine Einkommensverhältnisse durchaus treffend beschreiben dürfte: die Straße der Millionäre. Trotz seines Wohlstands scheint sich Roberto Carlos, glaubt man dem Urteil seines Umfeldes, nicht sonderlich verändert zu haben. »Er ist noch immer der gleiche Spaßvogel«, schwören die Nachbarn in Araras.

Auf dem Spielfeld ist Roberto Carlos aber häufig alles andere als ein Spaßvogel. Immer häufiger sind in jüngster Zeit seine zum Teil brutalen Attacken gegen gegnerische Stürmer kritisiert worden. »Das ist eben mein Spiel, das kann ich kaum abstellen. Keine meiner Attacken zielt aber darauf ab, einen Gegenspieler absichtlich zu verletzen«, verteidigte sich der Abwehrspieler, dessen große Stärke allerdings in der Offensive liegt.

Langfristig an Real Madrid gebunden, ist für Roberto Carlos heute eine der höchsten Entschädigungssummen festgelegt worden, sollte ein anderer Verein ihn aus dem Vertrag von Real herauskaufen wollen. In der Nationalmannschaft absolvierte Roberto Carlos bisher 66 Länderspiele und erzielte 5 Tore.

Denílson de Oliveira
** São Bernardo do Campo, 24. August 1977*
Es war bei einer Partie des Conmebol-Pokals im November 1994: Trainer Ramalho hatte die Mannschaft des FC São Paulo umstellen müssen und schickte einen 17jährigen Nachwuchs-

mann aufs Feld, der eigentlich nur sporadisch zum Einsatz kommen sollte. Bei dem Wettbewerb, der in etwa dem europäischen UEFA-Pokal gleicht, hatte Ramalho ohnehin nur die »zweite Garnitur« zur Verfügung, die »erste« war derweil in der brasilianischen Meisterschaft engagiert. Der südamerikanische Terminsalat sollte dem 17jährigen Denílson, der vier Jahre zuvor aus dem Vorort Diadema zum FC São Paulo gewechselt war, die Chance seines Lebens eröffnen.

Als das Spiel gegen den peruanischen Vertreter Sporting Cristal zu Ende war, hatte der neue Mann seine Beobachter überzeugt. Mit seinen endlosen Dribblings hatte er die gesamte Hintermannschaft Sportings ausgehebelt, und Denílsons Entdecker und Trainer der »ersten Garnitur«, Telê Santana, nominierte Denílson schon wenige Wochen später für das Aufgebot seiner Mannschaft. Rund 100 US-Dollar verdiente Denílson zu diesem Zeitpunkt. Schon bald sollte sich dieser Zustand jedoch ändern. São Paulo kam mit einem neuen Vertrag und einer saftigen Gehaltserhöhung.

Denílson hatte das erste Teilziel seiner Karriere erreicht. Aufgewachsen in einem von Gewalt dominierten Vorort São Paulos, hatte sich der Dribbelkünstler von klein auf durchschlagen müssen, auf den Bolzplätzen bei den »vale tudo« (den Allesgilt-Spielen), nach denen er oft mit aufgeschlagenen Knien nach Hause kam. Sein älterer Bruder Dennis hatte ihn mitgenommen. Dort spielte er sich den Mut an, der ihn heute auszeichnet. Die Risikobereitschaft, das Dribbling Mann gegen Mann aufzunehmen, den Zweikampf zu suchen, sich notfalls auch zwischen zwei Verteidiger durchspielen zu müssen, die möglicherweise ein grobes Foul ansetzen könnten ...

Das Leben in der rauhen Wirklichkeit der Vororte von São Paulo hat Denílson die Angst genommen. Die meisten seiner Altersgenossen sind den Drogen verfallen oder bei einem der Schußwechsel zwischen den jugendlichen Banden ums Leben gekommen. Wenige haben den sozialen Aufstieg geschafft. Trotz abgeschlossener Schulausbildung müssen sie sich mit Aushilfsjobs durchschlagen. Auf diese Weise verdiente sich auch Denílson sein erstes Geld in einer Bäckerei, die sich ganz in der

Nähe seines Elternhauses befindet. »An den Wochenenden hat es ihn da aber nicht lange gehalten. Seine Freunde sind dort vorbeigelaufen und haben ihn solange provoziert, bis er endlich zum Spiel gekommen ist«, erinnert sich Bruder Dennis.

Heute rechnet sich Denílsons Vermögen in anderen Dimensionen. Für 26 Millionen Dollar hat ihn der FC São Paulo an Betis Sevilla verkauft. Soviel wurde noch nie für einen brasilianischen Fußballer bezahlt, der nach Europa wechselte. Kurz zuvor hatte Denílson eine schwere Enttäuschung hinnehmen müssen, weil ein geplanter Wechsel zum FC Barcelona platzte. Ein Spielervermittler hatte zu hoch gepokert, Denílson mußte am gleichen Tag unverrichteter Dinge nach São Paulo zurückkehren. »An einem Tag schläfst du ein und bist Millionär, am anderen wachst du auf und hast nichts mehr«, erinnert sich der Himmelsstürmer, der im vergangenen Jahr sowohl bei der Copa América als auch beim Turnier in Frankreich glänzen konnte.

Für Frankreich hat er sich einiges vorgenommen: »Ich will Ronaldo den Titel des Superstars der WM streitig machen.« Wahrlich kein bescheidenes Ziel – bisher brachte es Denílson auf 25 Länderspiele und sieben Tore.

Die besten Nicht-Weltmeister

Auch in den Epochen, in denen Brasilien nicht den Weltmeister stellte, gab es herausragende Spielerpersönlichkeiten, die mit den Stars der Weltmeisterteams auf eine Stufe zu stellen sind und es verdienen, ebenfalls nicht in Vergessenheit zu geraten: vom ersten brasilianischen Topstar, dem zur Hälfte deutschstämmigen Arthur Friedenreich, bis hin zu Namen wie Socrates oder Falcão aus der jüngeren Vergangenheit.

Arthur Friedenreich
** São Paulo, 18. Juli 1892/† 1969*
Als Mischling deutscher und farbiger Abstammung mußte sich Friedenreich bis zur offiziellen Zulassung farbiger Spieler 1918 stets die krausen Haare glätten, um überhaupt spielen zu dürfen. Im Laufe seiner Karriere trat er für die Vereine von Mackenzie, Ypiranga, Germânia, Paulistano, São Paulo und Flamengo an – bei letzterem bestritt er allerdings nur Freundschaftsspiele.

Seine Erfolgsbilanz ist eindrucksvoll: Zwischen 1912 und 1929 war er neunmal Torschützenkönig der Meisterschaft von São Paulo, sammelte 13 Meistertitel und 16 weitere nationale und internationale Turniersiege, schoß insgesamt 1329 Tore – mehr als Pelé – in 26 Karriere-Jahren, das entspricht einem Schnitt von einem Tor pro Woche. 1919 erzielte er das goldene Tor zum ersten Copa-América-Sieg Brasiliens, in seiner ganzen Karriere vergab er nicht einen einzigen Elfmeter. In 17 Länderspielen erzielte Friedenreich acht Tore.

Seinen Spitznamen »El Tigre« bekam Friedenreich, weil er sich stets mutig in die gegnerischen Abwehrreihen warf, so wie beim ersten inoffiziellen Länderspiel Brasiliens gegen Exeter

City. Beim 2 : 0 blieb er zwar ohne Tor, nahm es aber mit jedem englischen Verteidiger auf – und sei es um den Verlust von zwei Zähnen ... Bei den folgenden Spielen gegen Argentinien und Uruguay erhielt er dann endgültig seinen Titel.

Leônidas da Silva
** Rio de Janeiro, 6. September 1913*

Der »schwarze Diamant«, »Diamante Negro«, so sein Spitzname, der zeitweise auch den Namen »Homen Borracha« (»Gummimann«) verpaßt bekam, war der erste echte Weltstar des brasilianischen Fußballs. In Brasilien wurde nach der WM 1938 sogar eine Schokoladen-Tablette entworfen, die seinen »Künstlernamen« trug.

Er begann seine Laufbahn in Bonsucesso im Norden Rio de Janeiros, ging von dort zunächst zum feinen Club América, überlegte es sich in letzter Minute jedoch anders: Er entschied, daß er doch lieber zu einem »Volksclub« wolle – durch das Hin und Her handelte er sich prompt den Ruf eines unberechenbaren Spielers ein.

Trainer America wollte anschließend Leônidas' Berufung in die Nationalmannschaft verhindern, auch der in veralteten Denkstrukturen erstarrte brasilianische Verband versuchte mit allen Mitteln, einen Weißen für die Position des Publikumslieblings zu nominieren. Umsonst – der Wille der Fans war stärker.

Bei seinem ersten Länderspieleinsatz erzielte Leônidas beide Treffer beim 2 : 1 in Montevideo gegen den amtierenden Weltmeister im Endspiel des Rio-Branco-Pokals. Nach diesem Erfolg wurde er von Peñarol Montevideo als Profi verpflichtet, spielte dort aber nur wenige Monate, denn schon bald mußte er mit der Reserve trainieren – auch in Uruguay mochte man farbige Spieler nicht. Schon bald kehrte er zu Vasco zurück, ging von dort zu Botafogo und schaffte endgültig den Sprung in die Nationalmannschaft.

Er spielte seine erste WM 1934 und erzielte dort das einzige Tor im einzigen brasilianischen Spiel bei der 1 : 3-Auftaktniederlage gegen Spanien, die gleichzeitig das Aus bedeutete.

1935 ging er zum Massenclub Flamengo und verzauberte dort die Fans mit seinen Fallrückziehern und akrobatischen Einlagen. Den Höhepunkt seiner Popularität erreichte Leônidas nach der WM 1938 in Frankreich. Sieben Tore in vier Spielen machten ihn zum Torschützenkönig der Weltmeisterschaft und international berühmt. Sein Pech: Im Halbfinale gegen den späteren Weltmeister Italien beim 1 : 2 konnte er verletzungsbedingt nicht dabei sein. Insgesamt absolvierte Leônidas 19 Länderspiele und erzielte 21 Tore.

Nach seiner Rückkehr aus Frankreich wurde er mit Angeboten überschüttet: Schauspieler, Werbefigur, Conferencier – er konnte es sich aussuchen. Er verdiente, so viel er wollte, machte, was er wollte, und legte sich sogar mit dem allmächtigen Flamengo-Präsidenten an.

Flamengo verkaufte ihn an den FC São Paulo – für 200 000 Cruzeiros, damals eine neue Rekord-Ablöse. Der Betrag entsprach der Einnahme eines ausverkauften Pacaembu-Stadions und stellte in der weiteren Karriere des Stürmers ein Preisniveau dar, das zur Gewohnheit wurde.

In São Paulo erlebte er eine große Zeit, machte sich dort aber auch einen Namen als »Rächer«. Egal, ob das Spiel gegen ihn oder gegen einen seiner Kollegen überhart geführt wurde, Leônidas arrangierte immer wieder eine Möglichkeit, es dem »Täter« heimzuzahlen. So wie gegen den als brutal geltenden Verteidiger Sordi von Juventus São Paulo. Oft hatten sich die Wege der beiden schon gekreuzt, als Sordi in einem Spiel Leônidas einen Tritt gegen dessen Schienbein verpaßte. Den folgenden Eckball nutzte der Stürmer zur Revanche: Er bat Linksaußen Teixeirinha, den Eckball genau in Höhe von Sordis Gesicht zu setzen. Mit einem Fallrückzieher brach er anschließend Sordis Schlüsselbein – und sich selbst das Bein. Ergebnis: 40 Tage Gips.

Leônidas wurde von Fachjournalisten lange Zeit einhellig als bester brasilianischer Mittelstürmer aller Zeiten bezeichnet. Heute hat lediglich noch Romário diesen Stellenwert. Leônidas wurde nur deshalb nicht noch berühmter, weil es zu jener Zeit kein Fernsehen gab.

Nach Ende seiner aktiven Karriere übernahm er das Traineramt beim FC São Paulo und arbeitete als TV- und Radio-Kommentator. Heute, im Alter von 84 Jahren, leidet er an der Alzheimerschen Krankheit und lebt in einem Altersheim in São Paulo. 1997 besuchte ihn der ehemalige englische Stürmer Gary Linecker, der Leônidas für sein Buch über die größten WM-Torjäger aller Zeiten interviewen wollte. Umsonst, denn der Torjäger von einst kann nicht mehr sprechen, stammelt nur noch vor sich hin. Um ihn kümmert sich die 69jährige Philosophie-Professorin Albertina Perreira dos Santos, mit der er seit 1954 zusammenlebt. »Die Anfälle schlechter Laune häufen sich in letzter Zeit«, sagt Albertina. Die Professorin ist die einzige Person, die Leônidas heute noch wiedererkennt. An seine großen Erfolge und an seine Vergangenheit insgesamt erinnert er sich nicht mehr.

Thomaz Soares da Silva »Zizinho«
** Sao Goncalo, 14. September 1922*
»Meister Ziza« begann bei Bangu und wechselte 1939 zu Flamengo – wenn auch zunächst einmal quasi unbemerkt: Unmittelbar vor seinem ersten Probetraining hatte sich Leônidas da Silva verletzt, und kaum jemand nahm wahr, daß Zizinho seinen Platz einnahm. Doch sehr schnell wurden die Leute aufmerksam. Die erste Aktion: Er umspielte vier Gegenspieler und machte ein Tor, kurz darauf gleich ein weiteres. »Es ging um alles oder nichts. Als ich den Ball bekam, mußte ich dribbeln, ohne aufzuhören, sonst hätte mich der Trainer gar nicht wahrgenommen«, erinnert sich Zizinho.

Mit Flamengo gelang ihm in den Jahren von 1942 bis 1944 ein Meisterschafts-Hattrick. 1957, in dem Jahr, in dem Pelé in der Nationalmannschaft debütierte, ging er im Alter von 35 Jahren noch zum FC São Paulo. In der Zeit vor Pelé wurde Zizinho oft als komplettester aller Spieler bezeichnet: Seine Stärken waren die kurzen Dribblings, genaue Pässe, ein gefährlicher Schuß, geniale Spielübersicht und ein urplötzlicher Antritt.

Er bestritt insgesamt 53 Länderspiele, in denen er 30 Tore

schoß, und war Stammspieler der Nationalmannschaft während der 40er, der »verlorenen Jahre«. 1950 wurde er zum besten Spieler der WM gewählt, blieb aber durch die Finalniederlage gegen Uruguay trotzdem eine tragische Figur.

Der erste Spieler, der wirklich als Genie angesehen wurde, lebt heute mit seiner Familie in Niteroi und schaut sich kein Fußballspiel mehr an. Dafür ist er, geistig und körperlich noch topfit, zum absoluten Basketball-Fan geworden, der kein Spiel der NBA im Fernsehen verpaßt.

Moacir Barbosa
** Campinas, 27. März 1921*
Der Name Moacir Barbosa wird für immer mit dem Drama der brasilianischen WM-Endspielniederlage 1950 gegen Uruguay verbunden bleiben. Bis heute fühlt sich der damalige Torhüter vom Gespenst dieser nationalen Katastrophe verfolgt. »Die Höchststrafe für ein Verbrechen liegt in Brasilien bei 30 Jahren, ich büße nun bereits 48 Jahre für ein Verbrechen, das ich nicht begangen habe«, sagt Barbosa.

Denn bis heute wird er zu Unrecht fast allein für die Niederlage gegen Uruguay verantwortlich gemacht. Der uruguayische Stürmer Ghiggia war mit einem langen Ball nach vorn geschickt worden und lief allein auf Barbosa zu. Die einen warfen ihm nun vor, nicht entschlossen genug herausgelaufen zu sein und sich vor die Füße des Stürmers geworfen zu haben, andere waren sich sicher, daß er im Tor hätte bleiben müssen, um die kurze Ecke dicht zu machen. Barbosa tat weder das eine noch das andere – er blieb auf halbem Weg stehen. Aber Tatsache ist auch: Eine etwas weniger überheblich und siegessicher auftretende Mannschaft hätte das Spiel zu diesem Zeitpunkt eigentlich schon längst sicher in der Tasche haben müssen.

43 Jahre nach der Tragödie wurde Barbosa bei einem Besuch im Trainingslager der Brasilianer in Teresópolis vor dem entscheidenden Spiel der WM-Qualifikation 1994 zwischen Brasilien und Uruguay, ebenfalls im Maracanã-Stadion, schwer gedemütigt. Eingeladen hatte ihn ein BBC-Team, das einen

Film über Barbosa drehen wollte. Gut gelaunt und mit einem Lächeln auf dem Gesicht traf Barbosa am Freitag vor dem Spiel in der Granja Comary, dem traditionellen Trainingslager der Brasilianer in Teresópolis, ein. Dort erhielt er vom abergläubischen Trainer Parreira jedoch die Anweisung, sich auf jeden Fall von Torhüter Taffarel fernzuhalten. Das samstägliche Torwarttraining beobachtete Barbosa aus der Ferne, Taffarel rannte nach Trainingsende in die Kabine, ohne Barbosa auch nur eines Blickes zu würdigen.

»Ja, ich habe Taffarel verboten, mit Barbosa zu sprechen. Das hätte uns überhaupt nichts gebracht – außer vielleicht Unglück«, reagierte Parreira auf die erstaunten Fragen der britischen Journalisten. Noch am Morgen vor dem Spiel fuhr Barbosa mit dem Bus nach Hause Richtung Santos, nachdem er lediglich mit dem damaligen Technischen Direktor Zagalo einige Worte gewechselt hatte. Einsam und in Tränen aufgelöst, wollte er weder das Resultat des Spiels wissen, noch jemals weitere Interviews geben.

Dabei war er in seiner aktiven Zeit ein absoluter Spitzenspieler, galt als der mit Abstand beste Torhüter seiner Zeit und trug mit seinen Paraden zur glorreichen Zeit Vasco da Gamas Ende der vierziger, Anfang der fünfziger Jahre bei. In seinen Jahren für Vasco gewann er fünf Titel und bestritt 20 Länderspiele. In dieser Zeit bereiste er auch des öfteren Deutschland und spielte unter anderem in Düsseldorf, Münster, Mannheim und Stuttgart.

1948 gewann er mit Vasco die Südamerikameisterschaft für Vereinsmannschaften, damals noch inoffiziell. Es war der erste internationale Titel, den eine Vereinsmannschaft Brasiliens gewinnen konnte. 25 Jahre lang spielte Barbosa, der sich stets durch große Geschmeidigkeit und viel Mut beim Herauslaufen auszeichnete, für den Traditionsverein in Rio.

Heute lebt er in Praia Grande, einem Vorort von Santos, ist bei bester Gesundheit und läuft jeden Tag seine zehn Kilometer. Im Mai vergangenen Jahres starb seine Frau, Barbosa verlor auch seine Wohnung. Freunde und Medien halfen ihm, sein ehemaliger Verein Vasco zahlt ihm jetzt eine neue Bleibe. In manchen Dingen ist er typisch brasilianisch: Den Strand liebt er zum Beispiel weniger wegen des Wassers, sondern mehr wegen der »optischen Reize«.

Andererseits sieht er in der brasilianischen Wesensart auch einige Defizite – so zum Beispiel in der oft fehlenden Disziplin: »Wenn du zum Beispiel einem Gerson gesagt hast, er solle seinen schwachen rechten Fuß trainieren, dann hat der das so lange getan, wie du hingesehen hast. Dann hat er das weiter trainiert, was er wollte, hat sich also nicht noch weiter verbessert«, erinnert sich Barbosa, der heute nicht mehr ins Stadion geht. Seine Gründe dafür erklärt er so: »Zum einen die Abkehr vom Fußball als Kunst, zum zweiten die chaotische Organisation innerhalb der brasilianischen Liga. Und die immer absurder erscheinenden Ausschreitungen der organisierten Fan-Clubs in den Stadien. Einmal bin ich mit einem Bekannten ins Stadion gegangen. Der hatte eine Tasche bei sich. Als die am Stadioneingang durchsucht wurde, fand man zunächst ein Trikot des Vereins und darunter ein Messer und einen Revolver. Ich fragte ihn, ob er eigentlich ins Stadion oder in den Krieg ziehen wolle?«

Viele Erinnerungsstücke an seine große Zeit hat Barbosa heute nicht mehr. Die meisten verlor er, als sein Haus in Rio von einer Überschwemmung heimgesucht wurde. Doch er selbst ist international noch nicht vergessen: Vor der WM in Frankreich besuchten ihn zahlreiche TV-Sender, vor allem einige aus Frankreich und England.

Arthur Antunes Coimbra »Zico«
** Rio de Janeiro, 3. März 1953*

Geboren und aufgewachsen in Quintino, einem Vorort von Rio de Janeiro, stammt Zico aus einer Familie von Fußballern – auch seine Brüder kickten mit Erfolg. Der Traum von Familienvater José Antunes Coimbra war es immer gewesen, seine fünf Söhne gemeinsam bei Flamengo spielen zu sehen. Doch lediglich Arthur, oder besser Zico, schaffte den Sprung. Noch mehr: Er wurde zum größten Spieler, den Flamengo jemals gesehen hatte. Er nahm an den drei Weltmeisterschaften 1978,

1982 und 1986 teil, wurde aber nie Weltmeister und so quasi zu einer Symbolfigur der »geschlagenen Generation«.

Vor Beginn seiner Profi-Karriere litt Zico unter seiner schwachen Physis. Der Konditionstrainer verordnete ihm nicht nur eine Sonder-Diät und ein spezielles Krafttraining, sondern Flamengo kaufte ihm auch Fitneß-Equipment mit dem Namen »Gladiator«, um seine Muskelmasse und Explosivität zu verbessern. Kritiker sprachen damals davon, daß Flamengo einen Top-Star »fabrizieren« würde. Neben den körperlich zum Teil über die Grenze gehenden Trainingseinheiten in seiner Jugend forcierte Zico bis zum Exzeß das Schußtraining.

Sein erstes Profispiel machte er für Flamengo im Juli 1971, erlebte aber gleich zu Beginn seiner Karriere im Jahre 1972 eine persönliche Enttäuschung, als er nicht in die Olympia-Mannschaft berufen wurde. Kein Nachteil für ihn, wie sich herausstellen sollte, denn nach zwei Niederlagen und einem Unentschieden durfte Brasilien wieder nach Hause fahren.

Sein Verein Flamengo erlebte mit ihm die erfolgreichste Phase, wurde mehrfach brasilianischer Meister (1980, 1982, 1983 und1987) sowie jeweils einmal Gewinner der Taça Libertadores (1981) und des Weltpokals (1981) mit einem 3 : 0 über den FC Liverpool.

Mit seiner unvergleichlichen Spielübersicht, seinen präzisen Pässen, seinen kunstvoll geschossenen Freistößen, seinen Torjägerqualitäten, Dribblings und Doppelpässen halten ihn viele für den größten Spieler Brasiliens nach Pelé. In 1047 Spielen für Brasilien, Flamengo und Udinese erzielte Zico insgesamt 729 Treffer, allein 53 in der Nationalmannschaft, 508 für Flamengo. Zico ist erfolgreichster Torschütze Flamengos, Rio de Janeiros und des Maracanã-Stadions und bestritt 78 Länderspiele.

1988 wurde er bei einem Spiel Flamengos gegen Botafogo von Verteidiger Mauro Galvão böse verletzt. Der hatte von hinten eine »Beinschere« angesetzt, Zico mußte einige Wochen pausieren und fand nie mehr zu seiner alten Form zurück.

Für Flamengo spielte Zico zwischen 1971 und 1983 sowie zwischen 1985 und 1990. Zwischendurch wechselte er für zwei Jahre von 1983 bis 1985 zu Udinese nach Italien. Zwischen

1990 und 1994 ging er noch einmal ins Ausland. In Japan, bei den Kashima Antlers, half er, den Fußball in Japan populär zu machen, wurde zum großen Idol und schloß 1995 einen Vertrag, der ihm den Bau einer Fußballschule in Rio de Janeiro sicherte. Heute ist er nur noch als Berater der Japaner tätig.

Privat gilt Zico als untadeliger Mensch, der, im Gegensatz zu vielen anderen brasilianischen Fußballern, nicht in irgendwelche Skandale verwickelt ist. Er ist mit seiner Jugendfreundin Sandra verheiratet, deren Herz er schon im zarten Alter von 15 Jahren erobert hat. Die beiden haben drei Söhne: Júnior, Bruno und Tiago. Júnior und Tiago spielen beim FC Rio de Janeiro, letzterer im Junioren-Team, Bruno hat sich auf eine andere Kunstform verlegt und ist Sänger geworden.

Zwischen 1990 und 1992 amtierte Zico unter Staatspräsident Collor als Sportminister, sozusagen als Vorgänger Pelés. Unter seiner Regie wurde das »Lei Zico«, ein Sportgesetz, das seinen Namen trug, entwickelt. Allerdings wurde der Originaltext, den Zico ausgearbeitet hatte und der der Korruption Einhalt gebieten sollte, auf Intervention verschiedener Funktionäre – Zico erhielt zum Teil schwere Drohungen – geändert bzw. zugunsten der Sport-Mafia abgeschwächt. Sein Gesetz bildete jedoch die Grundlage für Pelés Bemühungen, mit der Sklaverei im brasilianischen Fußball aufzuräumen.

Heute ist Zico Inhaber einer Fußballschule und Direktor des FC Rio de Janeiro, eines Vereins, der ausschließlich aus Spielern seiner Schule besteht. Ein Projekt, das in Brasilien Modellcharakter besitzt. Derzeit dreht er einen Film über sein Leben, seine Autobiographie wurde zum Bestseller.

Leovegildo Lins Gama »Junior«
**João Pessoa/Paraiba, 29. Juni 1954*

Seinen Spitznamen »Sturzhelm« bekam Junior, weil sein Haarschnitt die Form eines Sturzhelm hatte. Der Erbe von Nilton Santos auf der linken Abwehrseite liebte wie schon sein Vorgänger die Offensive. Wegen seiner Flankenläufe, die häufig zu Toren führten, wurde die linke Seite bei seinem Verein Flamengo und bei der Nationalmannschaft in »Rua Junior« umbenannt.

Bekannt war Junior auch immer für seine gefährlich angeschnittenen Freistöße. 1992 wurde er im Alter von 38 noch einmal brasilianischer Meister mit Flamengo. Anschließend versuchte er, als Trainer Fuß zu fassen, allerdings ohne großen Erfolg. Dafür baute er sich ein neues Spielfeld auf, nicht auf dem grünen Rasen, sondern im weißen Sand: Heute ist er einer der erfolgreichsten Strandfußballer der Welt.

Die zweite Leidenschaft des Junior, der in 78 Länderspielen sieben Tore erzielte, ist zugleich die andere brasilianische Institution: der Karneval. Junior ist Anhänger der traditionellen Sambaschule der Mangueira, die in diesem Jahr, 1998, gemeinsam mit einer anderen Traditionsschule, der Beija-Flor, die Siegertrophäe gewinnen konnte. »Immer, wenn es geht, bin ich in der Mangueira. Das ist mein zweites Zuhause«, sagte Junior einmal. Strand, Karneval und Fußball haben den Ex-Flamengo-Star jung gehalten und seine Popularität in den Köpfen der neuen Generation bewahrt.

Socrates Brasileiro Sampaio de Souza Vieira de Oliveira
** Belém/Pará, 19. Februar 1954*

Seinem jüngerer Bruder Raí, der aber weder in seinem Äußeren noch seinem Spielstil an Socrates erinnert, gelang 1994 das, was dem Großen immer versagt blieb: mit der brasilianischen Mannschaft einen WM-Titel zu gewinnen.

Socrates nahm 1982 und 1986 als Kapitän an zwei Titelkämpfen teil – obwohl er eine Reihe von Eigenschaften besaß, die eigentlich dagegen sprachen, daß er je ein großer Fußballer werden würde. Er trank und trinkt heute noch gern ein oder zwanzig Bierchen, rauchte, trainierte verhältnismäßig wenig, hielt es nicht lange im Trainingslager aus, verfügte im Verhältnis zu seiner Körpergröße von 1,91 Meter über einen kleinen Fuß (Schuhgröße 38) und widmete sich neben seinem Profi-Engagement zudem intensiv seinem Medizin-Studium, was ihm den Spitznamen »Doktor« einbrachte.

Andererseits verfügte er über eine Reihe von Fähigkeiten, die einen Weltklasse-Fußballer ausmachen: Kälte im Strafraum, perfekte kurze und lange Pässe, exzellente Spielübersicht und Torriecher. Sein Handicap, sich nur langsam drehen zu können, machte er mit einem in dieser Perfektion selten gesehenen Hackentrick wett. »Er spielt mit dem Rücken besser als viele andere nach vorn«, lobte ihn sogar Pelé. In 59 Länderspielen erzielte Socrates immerhin 22 Tore.

Mit einem im Vergleich zu vielen anderen Fußballern überdurchschnittlichen Intellekt ausgestattet, engagierte er sich für eine Reihe politischer und sozialer Fragen. Das fing im eigenen Verein, bei Corinthians, an, wo er gemeinsam mit Mannschaftskameraden die »Corinthianische Demokratie« ausrief. »Erfolgreiches Arbeiten ja, aber mit allen Freiheiten«, so die Parole. Mit anderen Worten: Auf dem Platz gewinnen, sich aber auch ein kühles Helles genehmigen können. In den Jahren dieser internen Demokratie feierte der Verein seine größten Erfolge, wurde 1979, 1982 und 1983 Meister von São Paulo.

Socrates nahm auch aktiv an der Bürgerrechtsbewegung »direitas-já« teil, die 1984 das Ende der Militär-Diktatur einleitete und seit 1964 bestanden hatte. Heute arbeitet er als Arzt und Fußballtrainer.

Paulo Roberto Falcão
** Abelardo Luz/Santa Catarina, 16. Oktober 1953*
Falcão wurde wegen seiner eleganten Spielweise im Mittelfeld bekannt und gerade in Deutschland immer ein wenig mit Franz Beckenbauer verglichen.

Bis 1980 spielte er bei seinem Stammverein International Porto Alegre und wurde dreimal brasilianischer Meister (1975, 1976 und 1979). 1972 erlebte er seinen ersten größeren internationalen Auftritt bei den Olympischen Spielen in München, nach Niederlagen in der Vorrunde gegen Dänemark (2 : 3), den Iran (0 : 1) und einem Unentschieden gegen Ungarn (2 : 2) schied Brasilien allerdings vorzeitig aus.

1980 wurde er nach Italien verkauft und leitete damit eine

Ära des Ausverkaufs brasilianischer Stars, wie auch Zico und Socrates, nach Italien ein. 1983 sicherte er sich mit dem AS Rom die italienische Meisterschaft, es war der erste Titel für die Römer nach 41 Jahren. Falcão erhielt daraufhin den Spitznamen »der König von Rom«.

Er war WM-Teilnehmer 1982 und 1986 unter Telê Santana, kam aber 1986 nur noch eher sporadisch zum Einsatz. 1982 war er noch hinter dem Italiener Paulo Rossi zum zweitbesten Spieler der WM gewählt worden. In 31 Länderspielen erzielte er sechs Tore.

Nach seiner aktiven Laufbahn versuchte sich Falcão als Trainer – und dies gleich in der Nationalmannschaft zwischen 1990 und 1991. Er scheiterte aber, obwohl er Spieler wie den späteren Weltmeister Mauro Silva herausbrachte. Heute arbeitet Falcão als Co-Kommentator bei TV Globo, dem größten TV-Sender Südamerikas.

Von »Zezé« bis »Ratinho« – die Brasilianer in der Bundesliga

Sie sind fast so lange dabei, wie die Bundesliga alt ist, und gehören mittlerweile zum geliebten Inventar: die Brasilianer im deutschen Fußball. Doch auch wenn sie schon seit langem dazugehören, so gelten sie bis heute als Exoten, als etwas Besonderes.

Als erster kam 1964 ein gewisser *»Zezé«* nach Deutschland. Eigentlich heißt er José Gilson Rodriguez, doch der damalige Präsident des 1. FC Köln, Franz Kremers, und alle anderen Menschen rund um das Geißbock-Heim kannten den fröhlichen Brasilianer aus dem Bundesstaat Minas Gerais nur unter seinem Spitznamen. Das Engagement dauerte freilich nicht allzu lange: Nach fünf Bundesliga-Spielen und einem Tor gegen den 1. FC Kaiserslautern fiel der erste Schnee, und Zezé zog es wieder zurück in die Sonne. Bereut hat er die Stippvisite nach Köln bis heute nicht, im Gegenteil. »Die Zeit in Köln war die glücklichste meines Lebens«, sagt Zezé, der heute eine Städtische Fußballschule in Varginha im Bundesstaat Minas Gerais führt.

In Brasilien spielte Zezé meist bei kleinen Vereinen. Der 1. FC Köln, der gerade den ersten Meistertitel der Bundesliga gewonnen hatte und mit Stars wie Schäfer, Overath und Weber gespickt war, bedeutete eine Ausnahme in Zezés Karriere. »Wir hatten damals viel Spaß miteinander. Und das Wichtigste: Die Kölner haben mir Kölsch beigebracht, wie viele Liter, das weiß ich heute nicht mehr«, flachst Zezé, der noch einmal in seinem Leben den Kölner Dom sehen will.

Mit Zezé kam im gleichen Jahr Raoul-Eduardo *Tagliari* zum MSV Duisburg. Der blieb bis 1966 an der Wedau, absolvierte neun Spiele und erzielte vier Treffer. Und auch der dritte Brasilianer, *»Buca«*, Waldemiro Azambuco Pacheco, hinterließ in der Saison 1979/80 keinen nachhaltigen Eindruck: ein einziges Spiel und kein Tor.

Nach diesen Pionieren des brasilianischen Fußballs in Deutschland kamen die wirklichen Verstärkungen erst in den achtziger Jahren in die Bundesliga. Ziel der neuen Stars war vorrangig Bayer Leverkusen. Der Konzern, der in Brasilien nicht nur mehrere Zweigwerke, sondern seit Anfang der neunziger Jahre auch eine erfolgreiche Fußballschule in der Baixada Fluminense, einem der sozialen Brennpunkte Brasiliens in Rio, unterhält, profitierte dabei von den Kontakten eines deutschen Journalisten, der seit einigen Jahrzehnten in Rio de Janeiro lebt und den brasilianischen Fußball wie kein Zweiter kennt.

Heinz Prellwitz, der zwischenzeitlich auch für das brasilianische Fernsehen arbeitete, hatte auf dem internationalen Flughafen von Rio de Janeiro eines Tages einen alten Bekannten getroffen. Sein Name: »*Tita*«. Der Stürmer hatte Rio de Janeiro verlassen und war bei Inter Porto Alegre gelandet. »Tita« fragte Heinz Prellwitz, der zu dieser Zeit bereits auch als Vertreter eines großen deutschen Sportartikelherstellers arbeitete, nach einem neuen Paar Fußballschuhe. »Deine Größe (36 – Anm. d. Verf.) ist hier schwierig zu bekommen. Die muß ich in Deutschland besorgen«, erklärte Prellwitz seinem Bekannten. »Aus Deutschland? Mensch, dann nimm mich doch mit«, antwortete Tita spontan. Nach langen Verhandlungen und ursprünglichem Zögern des damaligen Trainers Erich Ribbeck schloß Leverkusen dann den Transfer für 400 000 Dollar ab. »Ein Schnäppchen«, wie sich Heinz Prellwitz heute noch erinnert.

Tita war lange Zeit die Attraktion im Haberland-Stadion, denn gleich in seiner ersten Saison, der Spielzeit 87/88, schoß er zehn Tore in 21 Bundesliga-Spielen. Und der Spieler mit den kleinen Füßen brachte Leverkusen Glück: Nie zuvor hatte die Werkself einen Titel erringen können, und in Titas erstem Jahr wanderte gleich der UEFA-Pokal in die Farbenstadt. Bei Español Barcelona war Leverkusen noch mit 0 : 3 unter die Räder gekommen. Titas Treffer zum 1 : 0 im Rückspiel war das Signal zu einer dramatischen Aufholjagd, die mit einem Sieg im Elfmeterschießen endete.

Auf Tita folgte ein Jahr später *Jorginho*. Der »Atleto do Cristo« sollte der erste Brasilianer sein, der sich in Deutschland wirklich etablieren konnte. Wie bei Tita hatte Heinz Prellwitz auch im Fall des rechten Verteidigers von Flamengo einen guten Riecher bewiesen. Prellwitz fand heraus, daß Jorginho innerhalb der ersten 20 Tage nach Vertragsende für eine festgeschriebene Ablösesumme von 360 000 Dollar zu haben war. Leverkusen zögerte keinen Moment und verpflichtete den Verteidiger mit der Pferdelunge.

Der fand in Deutschland nicht nur wegen seiner sportlichen Leistungen schnell Anschluß. Im Bergischen Land traf sich Jorginho mit deutschen und brasilianischen Freunden zu Gebetskreisen. Kontakte, die er heute nach wie vor pflegt. »Die Zeit in Deutschland hat mich verändert. Ich werde meine Freunde dort nie vergessen«, sagt Jorginho. Am Ende des ersten Jahres in Deutschland stand mit der WM 1990 in Italien ein Höhepunkt für ihn an, nachdem er 1988 die olympische Silbermedaille in Seoul gewonnen hatte. Enttäuscht kehrte er nach Deutschland heim, nachdem Brasilien bereits im Achtelfinale gegen die Argentinier ausgeschieden war. »Aber gerade das Scheitern in Italien dürfte viele von uns erst richtig für die WM in den USA motiviert haben.«

Noch vor dem Championat hatte Jorginho nach drei überaus erfolgreichen Jahren in Leverkusen den Verein gewechselt. Die Münchner Bayern, bei denen zuvor mit *Bernardo* und *Mazinho* zwei Brasilianer nicht wie gewünscht eingeschlagen hatten, profitierten davon, daß sich Jorginho in Deutschland bereits gut eingelebt hatte, die Sprache beherrschte und in seinem Stil ohnehin an einen Europäer erinnerte. Dennoch erreichte er in München nie die Form seiner Leverkusener Zeit. »Bei den Bayern ist es immer schwerer als anderswo. Und dann wollte ich ja unbedingt im Mittelfeld spielen. Als ich gegen die Kölner endlich dort spielen durfte, gelang mir aber absolut gar nichts«, erinnert sich Jorginho, der 1994 mit den Bayern Meister wurde und zum Beispiel zum 2 : 0 gegen Schalke 04 einen herrlichen Freistoßtreffer beisteuerte. Wenige Tage später machte er sich in Richtung USA auf, wo er seine Karriere mit dem Weltmeistertitel krönen sollte. »Nicht nur, daß meine Familie und ich eine neue Kultur kennengelernt haben. Wir haben in Deutschland echte Freunde finden können. Ein schöneres Geschenk kann es nicht geben«, so Jorginho, der seit 1995 in Japan bei den Kashima Antlers spielt und 1996 zum besten Spieler der Liga gewählt wurde.

Als Jorginho Deutschland nach fast sechs Jahren verließ, hatte in Leverkusen bereits ein anderer Brasilianer dessen würdige Nachfolge angetreten: *Paulo Sérgio*, ebenso wie Jorginho Mitglied der »Atletas do Cristo«, war im Sommer 1993 von Corinthians São Paulo an den Rhein gewechselt. In seiner Heimat hatte er immer solide Leistungen gebracht, selten jedoch überragende. Die Leverkusener hatten jedoch erkannt, daß sich Sérgio ideal in ihr Spielsystem eingliedern würde. Nach Tita und Jorginho landeten sie dann auch prompt den dritten Volltreffer. Lediglich in der Saison 1995/96, als Leverkusen beinahe abgestiegen wäre, hatte Paulo Sérgio eine kurze Schwächeperiode durchmachen müssen. Schweren Herzens mußten die Leverkusener ihn 1997 nach Italien zum AS Rom ziehen lassen. Ein Abschied, der vor allem seiner Frau und den beiden Kindern schwerfiel, die praktisch in Deutschland aufgewachsen waren.

Drei weitere Brasilianer hatten bis Mitte 1997 bei der Werkself angeheuert, waren jedoch nicht länger als eine Saison geblieben: *Ramon* und *Rodrigo* hatten die sportlichen Erwartungen nicht erfüllt, und *Zé Elias* nahm eine vermeintliche Meinungsverschiedenheit mit Trainer Daum zum Anlaß, zu Inter Mailand zu wechseln. Zé Elias und Paulo Sérgio gingen – Mittelfeldmann *Emerson* und Stürmer *Paulo Rink* kamen. Während Emerson relativ schnell den Sprung in die Stammelf schaffte und zum Leistungsträger avancierte, brauchte Rink eine ganze Weile, bis er sich an die rauhe Luft in der deutschen Eliteklasse gewöhnt hatte. Mittlerweile besitzt letzterer einen deutschen Paß und könnte sogar ein Kandidat für das deutsche WM-Aufgebot in Frankreich sein …

Glück mit seinen Brasilianern hatte auch der VfB Stuttgart: Hatte schon Mittelfeldspieler *Dunga* nach seiner Ankunft im

Herbst 1993 die Erwartungen weitgehend erfüllen können, so entwickelte sich sein Landsmann *Giovane Elber*, den der damalige Manager Dieter Hoeneß nach Stuttgart holte, zu einem wahren Volltreffer. Elber, der bereits als Jugendspieler vom AC Mailand verpflichtet und dann an die Grashoppers Zürich ausgeliehen worden war, mußte freilich gleich im zweiten Spiel bei 1860 München eine schwere Verletzung hinnehmen, nachdem ihn Kutschera mit einer Grätsche von hinten umgepflügt hatte. Lange Wochen der Geduld waren gefragt. »Da war so ziemlich alles zerbrochen«, erinnert sich Elber, der für Monate aussetzen muß. In der folgenden Saison schaffte der Stürmer, der aus Londrina stammt, der zweitgrößten Stadt des Bundesstaates Parana, endgültig den Durchbruch. Gemeinsam mit dem späteren Nationalspieler Fredi Bobic und dem bulgarischen Regisseur Balakov bildete er beim VfB »das magische Dreieck«. Das Trio zauberte phantastische Spielzüge auf den Rasen, brillierte mit Bilderbuchtoren und wurde zur Attraktion der Saison. Im Süd-Gipfel beim FC Bayern holten die Schwaben gar einen 0 : 3-Rückstand auf, konnten zehn Minuten vor Schluß durch Elber per Fallrückzieher den Ausgleich erzielen, verloren am Ende in einem denkwürdigen Spiel aber doch mit 3 : 5.

Elber, damals noch im schwäbischen Winterbach zu Hause, nutzte seine Popularität, um ein Projekt in seiner Heimatstadt zu unterstützen. Mitten in einer Favela der Stadt sollte eine Schule entstehen, in der bedürftige Kinder eine Ausbildung bekommen können, sie auf einen Beruf vorbereitet werden. Elber stiftete Geld aus Autogrammstunden; die Stadt Winterberg, das Land Baden-Württemberg und viele private Träger beteiligten sich an dem Projekt, das schnell wuchs und an Aufmerksamkeit gewann. Solidarität ist für Elber – eigentlich sein Vorname, aber weil Giovane Elber im Deutschen besser klingt, wurde der Name in Stuttgart einfach umgedreht – kein neuer Begriff. Schon als Kind hatte er früh gelernt, Bedürftigen zu helfen, hatte vor Schulbeginn Brot ausgetragen.

Die Schule in Londrina, die seit Mitte 1997 voll in Betrieb ist, hat mittlerweile sogar eine asphaltierte Straße vor der Haustür und ist zum Zentrum der Favela geworden. »Ich hätte nie gedacht, daß das so wachsen würde. Das ist phantastisch, wie die Menschen in Deutschland die Arbeit dort unterstützt haben«, zeigte sich Elber von der Hilfsbereitschaft aus seiner zwischenzeitlichen Wahlheimat überwältigt.

Kurz nach der Eröffnung der Schule in Londrina trat Elber den Dienst bei seinem neuen Arbeitgeber, dem FC Bayern München, an. Die wollten ihn eigentlich schon ein Jahr zuvor, doch damals verweigerte der VfB noch die Freigabe. Das Ende des »magischen Dreiecks« bedeutete gleichzeitig, sich auf das neue Spielsystem der Bayern einzustellen. Mit Carsten Jancker fand Elber dann aber gleich einen neuen, passenden Partner im Angriff.

Zu den Bayern war Elber gewechselt, um auf diesem Weg leichter den Sprung in die Nationalmannschaft zu schaffen. Ein Ziel, das im Oktober 1997 einen Dämpfer erhalten sollte. Bei einem Besuch im Aktuellen Sport-Studio des ZDF kündigte Nationaltrainer Zagalo an, daß er ohne Elber für Frankreich plane. Drei Monate später hatte Zagalo seine Meinung geändert und berief Elber in das Aufgebot für den Gold-Cup. Dort kam er zwar nur sporadisch zum Einsatz, sorgte aber mit zwei Toren in drei Minuten gegen El Salvador erstmals für Aufsehen. Ob es allerdings noch für Frankreich reicht, dürfte bis kurz vor der WM offen bleiben. »Ich habe alles gegeben. Jetzt liegt es am Trainer. Ein bißchen Beten kann ja nicht schaden«, gibt Elber die Hoffnung nicht auf.

Das Klima einer WM hat ein anderer Brasilianer schon vor zwölf Jahren erlebt – als Stammspieler in Mexiko. *Julio Cesar*, Verteidiger von Borussia Dortmund, hatte sich bei seinem Stammverein FC Guarani Campinas die ersten Meriten als Profi verdient, als ihn Telê Santana kurz vor WM-Beginn an die Stelle des bis dahin unumstrittenen Verteidigers Oscar setzte. Santana wurde nicht enttäuscht. Lediglich im Viertelfinale gegen die Franzosen spielte dem »Bär aus Campinas« das Schicksal einen Streich: Im Elfmeterschießen setzte er seinen Strafstoß an den Pfosten, Brasilien mußte vorzeitig abreisen. Das Aus in Mexiko bedeutete für Julio Cesar gleichzeitig den Beginn einer imponierenden internationalen Karriere. Der

Spieler, der als kleiner Junge Erdnüsse im Stadion von Campinas verkaufte, um seiner Mutter mit ein paar Mark die Haushaltskasse aufzubessern, wechselte nach der WM zunächst nach Frankreich zu Brest und von da zu Montpellier. Über die Zwischenstation Juventus Turin kam er 1994 gemeinsam mit Jürgen Kohler zu Borussia Dortmund.

Entdeckt worden war Julio bei Noroeste Bauru von jenem Mann, der drei Jahrzehnte zuvor mit Pelé auch den größten Spieler aller Zeiten entdeckt hatte: Waldemar do Brito. Ihm hatten Julios Kampfgeist und die spielerischen Fähigkeiten imponiert. Trotz seiner ausgeprägten Physis hatte Julio nie Probleme bei der Ballbehandlung und verfügte über eine große Beweglichkeit.

Mit der Borussia wurde er 1995 und 1996 deutscher Meister, auf der Tribüne des Münchner Olympia-Stadions erlebte er, da verletzt, am 28. Mai 1997 den Sieg seiner Mannschaft im Finale der Champions-League gegen Juventus Turin mit. Und Weltpokalsieger kann er sich inzwischen auch nennen. Gefragt und beliebt, will Julio Cesar seinen Vertrag bis 1999 bei der Borussia erfüllen und dann in seine Heimat zurückkehren.

Einer, der noch lange nicht heimkehren will, ist Kaiserslauterns *»Ratinho«*, der wie Elber über die Schweiz nach Deutschland kam und aus der gleichen Region wie der Münchner Stürmer stammt. Nach einem verhältnismäßig »normalen« Jahr in der Zweiten Liga entwickelte sich Ratinho zu Beginn der Saison 1997/98 zu einem der Stars der Bundesliga. Seine frechen Ideen entzückten die Fans der Roten Teufel und ließen vor allem Torjäger Olaf Marschall profitieren. Seinen Spitznamen Ratinho, die Maus, erhielt er von einem Trainer seines Heimatvereins: Da seine Familie in einer Käsefabrik arbeitet, brachte er stets einen Kanten Käse zum Training mit. In Kaiserslautern unter Trainer Otto Rehhagel blühte »die brasilianische Maus« geradezu auf. »Er ist mittlerweile ein wichtiger Spieler«, urteilt auch Ex-Nationalspieler Andreas Brehme, der die brasilianischen »Gastarbeiter« für eine Bereicherung der Bundesliga hält: »Wenn sie ein bißchen europäisch spielen, sich ein wenig auf uns einstellen, sind sie für jede Mannschaft ein Gewinn.«

Die großen brasilianischen Vereine

Flamengo
(Maskottchen: Aasgeier)
»Einmal Flamengo, immer Flamengo!« – ein Motto, das für die Masse der brasilianischen Fußballanhänger Gültigkeit besitzt. Flamengo, »die Leidenschaft des Volkes«, ist der Verein mit den meisten Fans in Brasilien, geschätzt etwa 24 Millionen (!) Menschen. Flamengo, das ist das brasilianische Lebensgefühl, eine Mischung aus Rhythmus, Fußball, Poesie, Farben und Leidenschaften. Ein Club, in dem alle vertreten sind: Arme, Reiche, Analphabeten, Intellektuelle, Cariocas, Paulistas, Nordestinos ... Gegründet wurde Flamengo 1911 von Abtrünnigen des Erzrivalen Fluminense in Rio de Janeiro, die aus Unzufriedenheit eine eigene Fußball-Abteilung wollten. Der neue Sport galt zunächst als Experiment, und so durften die Fußballer nicht das gleiche Trikot wie die bereits etablierten Ruderer tragen. Doch mit den ersten Erfolgen und der Entwicklung zum Massensport rückte das Rudern ins zweite Glied. Der Club selbst wurde bereits am 17. November 1895 gegründet. Zunächst trugen die Athleten von Flamengo, und dies waren meist Ruderer, blaugolden quergestreifte Trikots. Sie merkten jedoch, daß diese Farben in der grellen Sonne schnell ausblichen. Recht bald wechselten die »Flamenguistas« deshalb zu dunkelrot-schwarz.

Seine größte Zeit erlebte Flamengo Ende der siebziger und Anfang der achtziger Jahre, als Zico das Zepter schwang. 1981 gelang der Gewinn der Taça Libertadores und des Weltpokals mit einem 3 : 0 gegen den FC Liverpool. Brasilianischer Meister 1980, 1982/83, 1987 und 1992. Legenden wie Domingos da Guia, Leônidas da Silva, Fausto, Zizinho, Dida, Junior, Leandro oder eben Zico prägten das Gesicht des Clubs.

Botafogo
(Maskottchen: Manequinho)
Botafogo wurde am 12. August 1904 gegründet und bedeutet soviel wie Zündschnur oder Lunte. Das Maskottchen war zunächst Donald Duck. Zumindest bis 1957. Dann besiegte Botafogo im Finale der Meisterschaft von Rio de Janeiro Fluminense mit 6 : 2. Didi hatte zuvor ein Versprechen abgegeben, daß er im Falle des Sieges zu Fuß vom Maracanã-Stadion zum Vereinssitz General Severiano gehen würde. Didi tat es – und die Fan-Gemeinde Botafogos lief hinterher. In der Nähe des Vereinssitzes hielt die Gemeinde vor einer Statue, einem Männeken, dem Manequinho, kleidete es mit dem schwarz-weißen Trikot Botafogos, dessen Wahrzeichen ein Stern auf der rechten Brust ist. Bis 1991 blieb das Manequinho zweites Maskottchen. Als die Verantwortlichen des Disney-Konzerns Lizenzgebühren für Botafogos Donald Duck forderten, verzichtete der Verein endgültig auf seinen ursprünglichen Talisman.

Eigentlich sollte der Verein Eletro heißen. Die Großmutter des Vereinsgründers Flávio Ramos, Dona Chiquitota, war von der Idee aber überhaupt nicht begeistert: »Elektro Club? Welch' arme Phantasie! Hier in diesem Stadtteil kann der Verein nur Botafogo heißen!«

Seine große Zeit erlebte der Verein in den sechziger Jahren mit seinem Star Garrincha, dem Linksverteidiger Nilton Santos, den genialen Mittelfeldmännern Didi und Gerson sowie Stürmer Jairzinho. Symbolfigur bis heute ist aber Garrincha, der Generationen von Abwehrspielern zur Verzweiflung brachte. Dank dieser glorreichen Zeit stellte Botafogo mit 48 Spielern die meisten Spieler, die an Weltmeisterschaften teilnahmen. Seinen letzten bedeutenden Titel gewann Botafogo im Dezember 1995, als der FC Santos im Finale der brasilianischen Meisterschaft nach zwei Spielen (1 : 2, 1 : 1) das Nachsehen hatte. 1997 sicherten sich die Schwarz-Weißen die Regionalmeisterschaft von Rio de Janeiro.

Fluminense
(Maskottchen: Zylinderhut)
Fluminense ist der älteste unter den Traditionsvereinen Rio de Janeiros. Die Fußballabteilung wurde am 21. Juli 1902 von Oscar Cox gegründet, jenem Mann, der den Fußball nach Rio de Janeiro gebracht hatte. Ein Verein, der nach außen immer durch seine Eleganz zu bestechen und konservative Gepflogenheiten zu hegen versuchte. Ein Grund auch, warum sich viele illustre Persönlichkeiten der Gesellschaft, Schauspieler, Sänger oder Dichter, mit »Flu« identifizieren.

Die Eleganz ging in der Gründerzeit so weit, daß sogar der Esel, der eine englische Maschine zog, mit der der Rasen gemäht wurde, mit einem Stoffverband an den Hufen arbeitete, um bloß nicht den Rasen zu beschädigen. Faísca wurde als »elegantester Esel von ganz Rio de Janeiro« berühmt. Fluminense war auch jener Verein, der lange Zeit keine farbigen Spieler in seinen Reihen duldete und den zweifelhaften Spitznamen »Reisstaub« erhielt, weil sich der erste farbige Spieler mit Reisstaub einreiben mußte, um seine Hautfarbe zu kaschieren.

Allerdings erwarb sich Fluminense auch oft auf positivere Weise einen Pionierruf, etwa als erster Gewinner der Meisterschaft von Rio de Janeiro 1906 oder 1933 als erster Verein, der seine Fußballabteilung auf Profitum umstellte.

Insgesamt errang der Club einen nationalen Meistertitel, im Jahre 1984, und ist mit 28 Titeln Rekordgewinner der Regionalmeisterschaft von Rio de Janeiro, zuletzt 1995.

In jüngster Zeit machte Fluminense, dessen Ehrenpräsident der Präsident der FIFA, João Havelange, ist, eher durch Skandale von sich reden. Sportlich eigentlich abgestiegen, wendeten die Funktionäre Fluminenses den Absturz 1997 am »Grünen Tisch« nochmal ab. Ein Schachzug, der nicht allzu viel bewirken sollte, denn im gleichen Jahr belegte der Verein erneut einen der Abstiegsplätze. In Rio de Janeiro wettet jedoch niemand darauf, daß »Flu« in diesem Jahr wirklich zweitklassig wird.

Vasco da Gama
(Maskottchen: Stockfisch)

Vasco da Gama war, ebenso wie viele spätere Top-Vereine des brasilianischen Fußballs, zunächst ein Ruderverein, gegründet von portugiesischen Einwanderern, die in Rio de Janeiro lebten. Rasch entwickelte sich Vasco zu Beginn des Jahrhunderts zu einem Massenclub, nicht zuletzt auch deshalb, weil sich der Verein im Gegensatz zu seinen Kontrahenten relativ liberal gegenüber Farbigen zeigte, denen bei anderen Klubs der Zutritt verwehrt blieb.

Dem portugiesischen Einfluß war es auch zu verdanken, daß Vasco zu Beginn der siebziger Jahre den Stockfisch, das portugiesische Nationalsymbol, als sein Maskottchen aufnahm, zuvor war es noch die Figur des Portugiesen gewesen. Anfangs von den Anhängern noch mit Argwohn betrachtet, schlossen die »Vascaínos« den Stockfisch schon bald in ihr Herz.

Seine erste große Phase erlebte Vasco in den vierziger Jahren, als es der Mannschaft auch gelang, als erstes brasilianisches Team einen internationalen Titel zu gewinnen: 1948 sicherte sich Vasco die Südamerika-Meisterschaft für Vereinsmannschaften und holte in der gleichen Zeit auch dreimal die Meisterschaft von Rio de Janeiro (1945, 1947 und 1949), jedesmal ungeschlagen. Brasilianischer Meister wurde Vasco insgesamt dreimal: zum ersten Mal 1974, damals noch mit dem erfolgreichsten Torschützen des Vereins, Roberto Dinamite. Zum zweiten Mal gelang der Erfolg 1989 und zuletzt 1997, als Vasco die Meisterschaft in beeindruckender Weise dominierte und entsprechend des Austragungsmodus im Endspiel zwei torlose Unentschieden gegen Palmeiras ausreichten.

Geführt wird der Verein von dem äußerst umstrittenen Parlamentsabgeordneten Eurico Miranda, einem Intimfeind Pelés und bekannt für seine Akte von Selbstjustiz.

Palmeiras
(Maskottchen: Sittich)

Palmeiras wurde am 26. August 1914 ursprünglich unter dem Namen Palestra Italia von italienischen Einwanderern gegründet. Ein Jahr später schien der Verein freilich seine Pforten um ein Haar wieder schließen zu müssen, denn viele der gebürtigen Italiener, die für Palestra spielten, wurden zu Beginn des Ersten Weltkrieges einberufen, unter ihnen auch der Gründungspräsident Augusto Vacari. Diejenigen unter den Vereinsmitgliedern, die in Brasilien geblieben waren, schickten große Teile der Vereinsgelder nach Italien, um die dortige Regierung bei ihren Kriegsaktivitäten zu unterstützen. Beinahe hätte diese Spendenflut den Verein in den Abgrund gestürzt.

In den dreißiger Jahren avancierte Palestra zu den drei stärksten Vereinen São Paulos und gewann zwischen 1932 und 1934 sogar drei Meisterschaften von São Paulo in Folge.

1942 mußte Palestra Italia dann auf Anweisung des Justizministeriums seinen Namen aufgeben. Kein Verein durfte einen Namen eines anderen Landes tragen, unabhängig davon, ob das Land in den Zweiten Weltkrieg verwickelt war oder nicht. Nach einer Zwischenlösung mit dem Namen Palestra de São Paulo verschwand der ursprüngliche Name Wochen später ganz, und Palmeiras war geboren.

In der Folgezeit konnte Palmeiras seine sportliche Stärke behaupten, rühmte sich vor allem in den sechziger Jahren, eine Topmannschaft ganz aus Eigengewächsen aufgebaut zu haben, die deshalb auch den Spitznamen »Academia« erhielt. Dieser Klassemannschaft gelang es 1963 und 1966 bei der Regionalmeisterschaft São Paulos als einzigem Verein, die Siegesserie des FC Santos zu unterbrechen. Brasilianischer Meister 1972, 1973, 1993 und 1994, machte Palmeiras zuletzt durch seine Kooperation mit dem italienischen Milchkonzern Parmalat von sich reden: Rund 38 Millionen Dollar butterte der Konzern zwischen 1992 und 1997 in die Verpflichtung von neuen Spielern.

Corinthians
(Maskottchen: Musketier)
Corinthians ist das Gegenstück Flamengos in São Paulo und rangiert in der Skala der beliebtesten Vereine des Landes an zweiter Stelle. Der Verein im Osten der Stadt ist in seiner 87jährigen Vereinsgeschichte nicht nur durch sportliche Triumphe, sondern vor allem durch Chaos und Skandale geprägt worden. Ruhe ist seit der Gründung am 1. September 1910 selten in den Verein eingekehrt, und vielleicht machen eben diese Unberechenbarkeit, dieses organisierte Chaos seine Anziehungskraft aus. Ebenso wie Vasco da Gama war der Volksclub Corinthians einer der Vereine, die als Vorreiter gelten, Farbige auf ihrem Vereinsgelände zugelassen zu haben. Bis heute pflegt der Verein seinen Ruf, für alle Schichten der Bevölkerung offen zu sein, und so kommen auch Fans von überall her – von ganz unten bis ganz oben.

Seine erste große Zeit erlebte Corinthians in den zwanziger und dreißiger Jahren. In dieser Blütezeit gewann man neunmal die Meisterschaft von São Paulo und lieferte sich die ersten erbitterten Duelle mit Palestra Italia, dem späteren Palmeiras. Die Auseinandersetzungen zwischen diesen beiden Teams sind längst zu Klassikern geworden und in ihrer Rivalität und Brisanz etwa mit den Revierschlagern zwischen Schalke und Dortmund in Deutschland zu vergleichen.

Zwischen 1954 und 1977 erlebte Corinthians seine größte Leidenszeit, blieb ohne Meistertitel und konnte, auch zu Pelés aktiver Zeit, kein einziges Spiel gegen den FC Santos gewinnen. Vor 120 000 Zuschauern und mit einem goldenen Tor durch Basílio ging die titellose Zeit dann nach 23 Jahren endlich zu Ende, und auf dem Spielfeld spielten sich unglaubliche Szenen ab. In dieser Zeit wurde Corinthians von Unikum Vicente Mataeus, einem gebürtigen Spanier, geführt, der oft mit seinen volkstümlich-banalen Äußerungen für Erheiterung sorgte: »Das Spiel ist erst zu Ende, wenn es vorbei ist.« Sepp Herberger läßt grüßen … 1990 wurde Corinthians brasilianischer Meister und 1995 Pokalsieger.

FC São Paulo
(Maskottchen: der Schutzheilige Sankt Paulo)
Lange Zeit beschränkten sich die Erfolge des am 16. Dezember 1935 gegründeten FC São Paulo auf nationales Terrain. Gemeinsam mit Corinthians und Palmeiras hatte der Verein bis Mitte der fünfziger Jahre den Fußball dominiert, hatten die drei Vereine als »eisernes Trio« die Titel unter sich aufgeteilt.

Erst in den neunziger Jahren sollte São Paulo, der Eliteverein der Millionen-Metropole, ein »internationales Gesicht« bekommen. Zuvor gelang 1977 und 1986 zweimal der Griff zum nationalen Meistertitel. Als Telê Santana Ende der achtziger Jahre das Ruder übernahm, baute er nicht nur eine neue Mannschaft auf, sondern vermittelte den Spielern auch ein modernes Offensiv-System, so wie er es bereits bei der WM 1982 versucht hatte. Kopf der Mannschaft sollte Socrates' jüngerer Bruder Raí werden, ein überragender Dirigent der Mannschaft, der bis Juni 1993 alle Fäden zog und selbst zu einem erfolgreichen Torschützen avancierte. 1992 und 1993 machten die Spieler des FC São Paulo das nach, was Pelés FC Santos dreißig Jahre zuvor vorexerziert hatte: Die Schützlinge von Telê Santana, unter ihnen Stars wie Müller, Juninho, Cerezo oder Zetti, gewannen sowohl die Taça Libertadores als auch den Weltpokal zweimal hintereinander.

In gerade einmal zehn Jahren hat der Verein zwischen 1985 und 1994 insgesamt 15 regionale, nationale und internationale Titel sammeln können. Mit dem krankheitsbedingten Ausscheiden von Erfolgstrainer Telê Santana ging die beispielhafte Serie zu Ende. Seit dessen Weggang konnte São Paulo keinen Titel mehr gewinnen. Dafür erntete der Club die Früchte seiner hervorragenden Jugendarbeit: Mit Dodo, Denílson, Bordon und Torhüter Rogério schafften in den vergangenen zweieinhalb Jahren vier Spieler den Sprung in die Nationalmannschaft, die aus der eigenen Jugend des als vorbildlich organisiert geltenden Clubs hervorgegangen waren.

FC Santos
(Maskottchen: Fisch)
Spricht man den Namen des FC Santos aus, dann ist der Ruhm dieses Vereins untrennbar mit der Legende Pelé verbunden. Zwar stellte Santos auch vor und nach Pelés Zeit starke Mannschaften, außerhalb der Präsenz des Königs gelangen dem Verein jedoch nur drei Titelgewinne bei der Regionalmeisterschaft von São Paulo: 1935, 1978 und 1984. Die brasilianische Meisterschaft, seit 1971 unter diesem Namen ausgetragen, konnte Santos bis heute nicht gewinnen, zuletzt war die Mannschaft im Endspiel 1995 gegen Botafogo am nächsten dran. Santos' Torhüter war bei dieser Entscheidung Pelés Sohn Edinho, doch auch der konnte Botafogos Erfolg nicht verhindern.

Unter Pelés Regie gewann Santos insgesamt 27 nationale und internationale Titel, darunter die Taça Libertadores und den Weltpokal in den Jahren 1962 und 1963. In den goldenen Jahren imponierte Santos nicht nur durch die Zahl der Titel, sondern glänzte vor allem mit unbeschwertem Offensiv-Fußball und den Doppelpaß-Kombinationen zwischen Coutinho und Pelé, den berühmten »Tabelinhas«. »In dieser Zeit zählte ein 8:4 mehr als ein 3:1. Die Zuschauer hatten ihren Spaß und wir auch«, erinnert sich Carlos Alberto Torres, der WM-Kapitän 1970, an die Erfolgsjahre des FC Santos.

Auch heute dreht sich noch alles um Pelé an der ehrwürdigen Vila Belmiro, dem traditionellen Ort der Heimspiele der »Santistas«. Überall wimmelt es von Gedenktafeln und Statuen. Der König ist allgegenwärtig, auch wenn er derzeit kein offizielles Amt im Verein ausführt. Wie eine Mahnung und angesichts der langen Durststrecke auch wie eine Last hängt noch Pelés Namensschild an einem Spind in der Umkleidekabine des FC Santos. Bis heute hat niemand die Position der legendären Nummer zehn eingenommen. Viele haben es versucht – doch alle sind sie gescheitert.

Grêmio Porto Alegre
(Maskottchen: Musketier)

Die Mannschaft aus dem Süden Brasiliens wurde seit ihrer Vereinsgründung am 15. September 1903 vor allem durch deutsche Einwanderer geprägt. In seiner Struktur straff organisiert, bildete Grêmio das Gegenstück zum Lokalrivalen Inter Porto Alegre, in dem in weit höherem Maße auch farbige Spieler Aufnahme fanden.

Lange Jahre mußte Grêmio freilich das Schicksal anderer großer Mannschaften aus jenen Bundesstaaten teilen, die sich außerhalb der Achse Rio/São Paulo befanden und deshalb nie die gleiche Aufmerksamkeit auf sich zogen wie die Mannschaften aus den beiden großen Metropolen. Spätestens 1983 sollte Grêmio aber dann aus diesem Schatten treten, als Trainer Valdir Espinosa sein Team ins Weltpokal-Finale gegen den Hamburger SV geführt hatte. Mit Hilfe der eigens für dieses Spiel verpflichteten »Legionäre« Mario Sérgio und Paulo Cesar Lima »Cajú« sowie zwei Toren des überragenden Mittelstürmers Renato Gaúcho gewann Grêmio mit 2 : 1. Zwölf Jahre später versuchten die »Gaúchos« ihr Glück noch einmal. Diesmal aber ohne Erfolg: Im Finale gegen Ajax Amsterdam verloren sie in Tokio nach Elfmeterschießen.

Die neunziger Jahre brachten Grêmio dennoch reichlich hervorragende Ergebnisse: brasilianischer Meister 1996, Pokalsieger 1994 und 1997, Sieger der Taça Libertadores 1995, Gewinner der Regionalmeisterschaft von Rio Grande do Sul 1990, 1993, 1995 und 1996. Finanzielle Engpässe zwangen den Klub Ende 1996 zu einem Radikalschnitt. Erfolgstrainer Luis Felipe verließ den Verein, und mit ihm wurde eine Reihe von Leistungsträgern, so die Torjäger Jardel und Paulo Nunes, verkauft. Die Vereinsführung, die sich stets durch eine solide Haushaltsführung ausgezeichnet hatte, versucht jetzt einen Neuaufbau.

Cruzeiro Belo Horizonte
(Maskottchen: Fuchs)
Ähnlich wie Palmeiras in São Paulo ging auch Cruzeiro aus der italienischen Kolonie in Belo Horizonte hervor und nannte sich bis 1942 Palestra Italia. Danach wollte sich der Verein eigentlich in Ypirange umbenennen, überlegte es sich aber schon nach dem ersten Spiel, einer Niederlage gegen den Lokalrivalen Atletico Mineiro, anders und entschied sich für den heutigen Namen Cruzeiro.

Ist die größte Zeit des FC Santos fest mit dem Namen Pelés verbunden, so stehen die glorreichen Jahre von Cruzeiro vor allem in Zusammenhang mit Tostão, dem kleingewachsenen Stürmer mit dem unglaublichen Siegeswillen. Fünfmal in Folge gewann Cruzeiro mit Tostão zwischen 1965 und 1969 die regionale Meisterschaft von Minas Gerais, völlig zum Entsetzen von Lokalrivale Atletico. 1966 durchbrach Cruzeiro dann sogar die Siegesserie des FC Santos bei der Taça Brasil, einem Vorläufer der heutigen brasilianischen Meisterschaft. In Belo Horizonte hatte Cruzeiro die Santos-Stars mit sage und schreibe 6 : 2 vom Platz gefegt.

Nach dem Weggang von Tostão konnte sich Cruzeiro zunächst in der Spitze des brasilianischen Fußballs behaupten, verlor jedoch die Endspiele um die brasilianische Meisterschaft 1974 gegen Vasco und 1975 gegen Inter Porto Alegre. Ein Jahr später dann der bis dahin größte Triumph: Sieg in der Taça Libertadores gegen River Plate Buenos Aires und Teilnahme am Weltpokalfinale gegen Bayern München. In der bayerischen Landeshauptstadt kamen die Brasilianer auf dem ungewohnten Schneeboden nicht zurecht und verloren mit 0 : 2. Im Rückspiel sollte die Rechnung dann beglichen werden, doch ein Sepp Maier in Hochform verriegelte förmlich das Bayern-Tor und sicherte mit dem 0 : 0 den Bayern den ersten Weltpokal-Titel. 1997 triumphierte Cruzeiro erneut im Finale der Taça Libertadores, 0 : 0 und 1 : 0 gegen Sporting Cristal, verlor aber trotz »Aushilfe« Bebeto wieder im Weltpokalfinale, diesmal mit 0 : 2 gegen Borussia Dortmund.

Statistik

Brasiliens WM-Spiele 1930 – 1994

Top 20 der WM-Einsätze

Top 20 der WM-Torschützen

Top 50 der brasilianischen Nationalspieler

Top 20 der Länderspiel-Torschützen

Brasilianer in der 1. Bundesliga

BRASILIENS WM-SPIELE 1930 – 1994

WM 1930

Gruppe 2

14. Juli, Central Park, Montevideo

Jugoslawien – Brasilien 2:1 (2:0)

Brasilien: Joel; Brilhante, Italia, Hernógenes, Fausto, Fernando, Poly, Nilo, Araken, Preguinho, Teofilo

Torschütze: Preguinho

Zuschauer: 5.000

20. Juli, Centenario Stadion, Montevideo

Brasilien – Bolivien 4:0 (1:0)

Brasilien: Veloso, Italia, Zé Luis, Hernógenes, Fausto, Fernando, Benedito, Russinho, Leite, Preguinho, Moderato

Torschützen: Moderato (2), Preguinho (2)

Zuschauer: 1.200

WM 1934

Erste Runde

27. Mai, Luigi Ferraris Stadion, Genua

Spanien – Brasilien 3:1 (2 : 0)

Brasilien: Pedrosa, Silvio, Luz, Tinoco, Martim Silveira, Canailli, Oliviera, de Brito, Leónidas, Armadinho, Bartesko

Torschütze: Leónidas

Zuschauer: Keine Angaben

WM 1938

Erste Runde

5. Juni, Stade de la Meinau, Straßburg

Brasilien – Polen 6:5 n.V. (3:1; 4:4)

Brasilien: Batatais; Domingos, Machado, Zezé Procopio, Martim Silveira, Alfonsinho, Lopez, Romeo, Leónidas, Peracio, Hercules

Torschützen: Leónidas (4), Peracio, Romeo

Zuschauer: 20.000

Zweite Runde

12. Juni, Parc de Lescure, Bordeaux

Brasilien – Tschechoslowakei 1:1 n.V. (1:0; 1:1)

Brasilien: Walter; Domingos, Machado, Zezé, Procopio, Martim Silveira, Alfonsinho, Lopez, Romeo, Leónidas, Peracio, Hercules

Torschütze: Leónidas

Zuschauer: 25.000

Wiederholungsspiel

14. Juni, Parc de Lescure, Bordeaux

Brasilien – Tschechoslowakei 2:1 (0:1)

Brasilien: Walter; Jaú, Nariz, Brito, Brandao, Argemiro, Roberto, Luizinho, Leónidas, Tim, Patesko

Torschützen: Leónidas, Roberto

Zuschauer: 22.500

Halbfinale

16. Juni, Stade Velódrome Marseille

Italien – Brasilien 2:1 (0:0)

Brasilien: Walter; Domingos, Machado, Zezé Procopio, Martim Silveira, Alfonsinho, Lopez, Luizinho, Peracio, Romeo, Patesko

Torschütze: Romeo

Zuschauer: 35.000

Spiel um den 3. Platz

19. Juni, Parc de Lescure, Bordeaux

Brasilien – Schweden 4:2 (1:2)

Brasilien: Batatais; Domingos, Machado, Zezé Procopio, Brandao, Alfonsinho, Roberto, Romeo, Leónidas, Peracio, Patesko

Torschützen: Leónidas (2), Romeo, Peracio

Zuschauer: 18.000

WM 1950

Gruppe 1

24. Juni, Maracana-Stadion, Rio

Brasilien – Mexiko 4:0 (1:0)

Brasilien: Barbosa; Augusto, Juvenal, Ely, Danilo, Bigode, Maneca, Ademir, Baltazar, Jair, Friaça

Torschützen: Ademir (2), Jair, Baltazar

Zuschauer: 81.649

28. Juni, Pacaembu-Stadion, São Paulo

Brasilien – Schweiz 2:2 (2:1)

Brasilien: Barbosa; Augusto, Juvenal, Bauer, Ruy, Noronha, Alfredo, Maneca, Baltazar, Ademir, Friaça

Torschützen: Alfredo, Baltazar

Zuschauer: 42.032

1. Juli, Maracana-Stadion, Rio

Brasilien – Jugoslawien 2:0 (1:0)

Brasilien: Barbosa; Augusto, Juvenal, Bauer, Danilo, Bigode, Maneca, Zizinho, Ademir, Jair, Chico

Torschützen: Ademir, Zizinho

Zuschauer: 142.409

Finalrunde

3. Juli, Maracana-Stadion, Rio

Brasilien – Schweden 7:1 (3:0)

Brasilien: Barbosa; Augusto, Juvenal, Bauer, Danilo, Bigode, Maneca, Zizinho, Ademir, Jair, Chico

Torschützen: Ademir (4), Chico (2), Maneca

Zuschauer: 138.886

13. Juli, Maracana-Stadion, Rio

Brasilien – Spanien 6:1 (3:0)

Brasilien: Barbosa, Augusto, Juvenal, Bauer, Danilo, Bigode, Friaça, Zizinho, Ademir, Jair, Chico

Torschützen: Ademir (2), Chico (2), Zizinho, Jair

Zuschauer: 152.772

16. Juli, Maracana-Stadion, Rio

Uruguay – Brasilien 2:1 (0:0)

Brasilien: Barbosa; Augusto, Juvenal, Bauer, Danilo, Bigode, Friaça, Zizinho, Ademir, Jair, Chico

Torschütze: Friaça

Zuschauer: 199.854

A Gazeta Esportiva

URUGUAI

Campeão do MUNDO!

O Brasil perdeu a sua maior oportunidade...

Imperial – a sua casimira

WM 1954

Gruppe 1

16. Juni, Les Charmilles, Genf

Brasilien – Mexiko 5:0 (4:0)

Brasilien: Castilho; D. Santos, N. Santos, Brandãozinho, Pinheiro, Bauer, Julinho, Didi, Baltazar, Pinga, Rodrigues

Torschützen: Pinga (2), Baltazar, Didi, Julinho

Zuschauer: 12.500

19. Juni, La-Pontaise-Stadion, Lausanne

Brasilien – Jugoslawien 1:1 n.V. (0:0; 1:1)

Brasilien: Castilho; D. Santos, N. Santos, Brandãozinho, Pinheiro, Bauer, Julinho, Didi, Baltazar, Pinga, Rodrigues

Torschütze: Didi

Zuschauer: 21.000

Viertelfinale

27. Juni, Wankdorfstadion, Bern

Ungarn – Brasilien 4:2 (2:1)

Brasilien: Castilho; D. Santos, N. Santos, Brandãozinho, Pinheiro, Bauer, Julinho, Didi, Indio, Humberto, Maurinho

Torschützen: D. Santos (Elfm.), Julinho

Zuschauer: 40.000

WM 1958

Gruppe 4

8. Juni, Rimnersvallen, Uddevalla

Brasilien – Österreich 3:0 (1:0)

Brasilien: Gilmar; De Sordi, N. Santos, Dino, Bellini, Orlando, Joel, Didi, Mazzola, Dida, Zagalo

Torschützen: Mazzola (2), N. Santos

Zuschauer: 21.000

11. Juni, Nya-Ullevi-Stadion, Göteborg

Brasilien – England 0:0

Brasilien: Gilmar; De Sordi, N. Santos, Dino, Bellini, Orlando, Joel, Didi, Mazzola, Vavá, Zagalo

Zuschauer: 40.895

15. Juni, Nya-Ullevi-Stadion, Göteborg

Brasilien – UdSSR 2:0 (1:0)

Brasilien: Gilmar; De Sordi, N. Santos, Zito, Bellini, Orlando, Garrincha, Didi, Vavá, Pelé, Zagalo

Torschütze: Vavá (2)

Zuschauer: 50.928

Viertelfinale

19. Juni, Nya-Ullevi-Stadion, Göteborg

Brasilien – Wales 1:0 (0:0)

Brasilien: Gilmar; De Sordi, N. Santos, Zito, Bellini, Orlando, Garrincha, Didi, Mazzola, Pelé, Zagalo

Torschütze: Pelé

Zuschauer: 25.923

Halbfinale

24. Juni, Räsundastadion, Solna

Brasilien – Frankreich 5:2 (2:1)

Brasilien: Gilmar; De Sordi, N. Santos Zito, Bellini, Orlando, Garrincha, Didi, Vavá, Pelé, Zagalo

Torschützen: Pelé (3), Vavá, Didi

Zuschauer: 27.100

A Gazeta Esportiva
AMIGO LEITOR
MARIEN S/A
BRASIL
CAMPEÃO MUNDIAL
DE FUTEBOL
Hinos Nacionais do Brasil e da Suecia encerram a competição
Nas mãos de Bellini a Taça de Ouro «Jules Rimet»
A. Monteiro
MESCLAS e TWEED nacionais e estrangeiras

Finale

29. Juni, Räsundastadion, Solna

Brasilien –Schweden 5:2 (2:1)

Brasilien: Gilmar; D. Santos, N. Santos, Zito, Bellini, Orlando, Garrincha, Didi, Vavá, Pelé, Zagalo

Torschützen: Vavá (2), Pelé (2), Zagalo

Zuschauer: 49.737

WM 1962

Gruppe 3

30. Mai, Estadio Sausalito, Viña del Mar

Brasilien – Mexiko 2:0 (0:0)

Brasilien: Gilmar; D. Santos, Mauro, Zózimo, N. Santos, Zito, Garrincha, Didi, Vavá, Pelé, Zagalo

Torschützen: Zagalo, Pelé

Zuschauer: 10.484

2. Juni, Estadio Sausalito, Viña del Mar

Brasilien – ČSSR 0:0

Brasilien: Gilmar; D. Santos, Mauro, Zózimo, N. Santos, Zito, Garrincha, Didi, Vavá, Pelé, Zagalo

Zuschauer: 14.903

6. Juni, Estadio Sausalito, Viña del Mar

Brasilien – Spanien 2:1 (0:1)

Brasilien: Gilmar; D. Santos, Mauro, Zózimo, N. Santos, Zito, Garrincha, Didi, Vavá, Amarildo, Zagalo

Torschütze: Amarildo (2)

Zuschauer: 18.715

Viertelfinale

10. Juni, Estadio Sausalito, Viña del Mar

Brasilien – England 3:1 (1:1)

Brasilien: Gilmar; D. Santos, Mauro, Zózimo, N. Santos, Zito, Garrincha, Didi, Vavá, Amarildo, Zagalo

Torschützen: Garrincha (2), Vavá

Zuschauer: 17.736

Halbfinale

13. Juni, Estadio Nacional Santiago

Brasilien – Chile 4:2 (2:1)

Brasilien: Gilmar; D. Santos, Mauro, Zózimo, N. Santos, Zito, Garrincha, Didi, Vavá, Amarildo, Zagalo

Torschützen: Garrincha (2), Vavá (2)

Zuschauer: 76.594

Finale

17. Juni, Estadio Nacional Santiago

Brasilien – ČSSR 3:1 (1:1)

Brasilien: Gilmar; D. Santos, Mauro, Zózimo, N. Santos, Zito, Garrincha, Didi, Vavá, Amarildo, Zagalo

Torschützen: Amarildo, Zito, Vavá

Zuschauer: 68.679

WM 1966

Gruppe 3

12. Juli, Goodison Park, Liverpool

Brasilien – Bulgarien 2:0 (1:0)

Brasilien: Gilmar; D. Santos, Bellini, Altair, Paulo, Henrique, Denilson, Lima, Garrincha, Pelé, Alcindo, Jairzinho

Torschützen: Pelé, Garrincha

Zuschauer: 52.847

15. Juli, Goodison Park, Liverpool

Ungarn – Brasilien 3:1 (1:1)

Brasilien: Gilmar; D. Santos, Bellini, Altair, Paulo, Henrique, Lima, Gérson, Garrincha, Alcindo, Tostão, Jairzinho

Torschütze: Tostão

Zuschauer: 57.455

19. Juli, Goodison Park, Liverpool

Portugal – Brasilien 3:1 (2:0)

Brasilien: Manga, Fidelis, Brito, Orlando, Rildo, Denilson, Lima, Jairzinho, Silva, Pelé, Paraná

Torschütze: Rildo

Zuschauer: 62.204

WM 1970

Gruppe 3

3. Juni, Jalisco-Stadion, Guadalajara

Brasilien – ČSSR 4:1 (1:1)

Brasilien: Felix; Carlos Alberto, Piazza, Brito, Everaldo, Clodoaldo, Gérson (Paulo Cesar), Jairzinho, Tostão, Pelé, Rivelino

Torschützen: Rivelino, Pelé, Jairzinho (2)

Zuschauer: 52.000

7. Juni, Jalisco-Stadion, Guadalajara

Brasilien – England 1:0 (0:0)

Brasilien: Felix; Carlos Alberto, Brito, Piazza, Everaldo, Clodoaldo, Rivelino, Paulo Cesar, Jairzinho, Tostão (Roberto) Pelé

Torschütze: Jairzinho

Zuschauer: 66.000

10. Juni, Jalisco-Stadion, Guadalajara

Brasilien – Rumänien 3:2 (2:1)

Brasilien: Felix; Carlos Alberto, Brito, Fontana, Everaldo (Marco Antonio), Clodoaldo (Edú), Piazza, Jairzinho, Tostão, Pelé, Paulo Cesar

Torschützen: Jairzinho, Pelé (2)

Zuschauer: 50.000

Viertelfinale

14. Juni, Jalisco-Stadion, Guadalajara

Brasilien – Peru 4:2 (2:1)

Brasilien: Felix; Carlos Alberto, Brito, Piazza, Marco Antonio, Clodoaldo, Gérson (Paulo Cesar), Jairzinho (Roberto), Tostão, Pelé, Rivelino

Torschützen: Rivelino, Tostão (2), Jairzinho

Zuschauer: 54.000

Halbfinale

17. Juni, Jalisco-Stadion, Guadalajara

Brasilien – Uruguay 3:1 (1:1)

Brasilien: Felix; Carlos Alberto, Brito, Piazza, Everaldo, Clodoaldo, Gérson, Jairzinho, Tostão, Pelé, Rivelino

Torschützen: Clodoaldo, Jairzinho, Rivelino

Zuschauer: 51.000

Finale

21 Juni, Azteken-Stadion, Mexiko City

Brasilien – Italien **4:1** (1:1)

Brasilien: Felix; Carlos Alberto, Brito, Piazza, Everaldo, Clodoaldo, Gérson, Jairzinho, Tostão, Pelé, Rivelino

Torschützen: Pelé, Gérson, Jairzinho, Carlos Alberto

Zuschauer: 107.000

WM 1974

Gruppe 3

13. Juni, Waldstadion Frankfurt

Brasilien – Jugoslawien **0:0**

Brasilien: Leão; Nelinho, Luis Pereira, Mario Marinho, Francisco Marinho, Piazza, Rivelino, Paulo Cesar Lima, Valdomiro, Jairzinho, Leivinha

Zuschauer: 62.000

18. Juni, Waldstadion Frankfurt

Brasilien – Schottland **0:0**

Brasilien: Leão; Nelinho, Luis Pereira, Mario Marinho, Francisco Marinho, Piazza, Rivelino, Paulo Cesar Lima, Jairzinho, Mirandinha, Leivinha (Paulo Cesar Carpegiani)

Zuschauer: 62.000

22. Juni, Parkstadion, Gelsenkirchen

Brasilien – Zaire **3:0** (1:0)

Brasilien: Leão; Nelinho, Luis Pereira, Mario Marinho, Francisco Marinho, Piazza (Mirandinha), Rivelino, Leivinha (Valdomiro), Paulo Cesar Carpegiani, Jairzinho, Edú

Torschützen: Jairzinho, Rivelino, Valdomiro

Zuschauer: 36.200

Finalrunde – Gruppe A

26. Juni, Niedersachsenstadion, Hannover

Brasilien – DDR **1:0** (0:0)

Brasilien: Leão; Zé Maria, Luis Pereira, Mario Marinho, Francisco Marinho, Paulo Cesar Carpegiani, Rivelino, Dirceu, Valdomiro, Jairzinho, Paulo Cesar Lima

Torschütze: Rivelino

Zuschauer: 59.700

30. Juni, Niedersachsenstadion, Hannover

Brasilien – Argentinien **2:1** (1:1)

Brasilien: Leão; Zé Maria, Luis Pereira, Mario Marinho, Francisco Marinho, Paulo Cesar Carpegiani, Rivelino, Dirceu, Valdomiro, Jairzinho, Paulo Cesar Lima

Torschützen: Rivelino, Jairzinho

Zuschauer: 39.400

3. Juli, Westfalenstadion, Dortmund

Holland – Brasilien 2:0 (0:0)

Brasilien: Leão; Zé Maria, Luis Pereira, Mario Marinho, Francisco Marinho, Paulo Cesar Carpegiani, Rivelino, Dirceu, Paulo Cesar Lima (Mirandinha), Jairzinho, Valdomiro

Zuschauer: 53.700

Spiel um den 3. Platz

6. Juli, Olympiastadion, München

Polen – Brasilien 1:0 (0:0)

Brasilien: Leão; Zé Maria, Alfredo, Mario Marinho, Francisco Marinho, Paulo Cesar Carpegiani, Rivelino, Ademir (Mirandinha), Valdomiro, Jairzinho, Dirceu

Zuschauer: 79.000

WM 1978

Gruppe 3

3. Juni, Mar del Plata Stadion, Mar de Plata

Brasilien – Schweden 1:1 (1:1)

Brasilien: Leão; Amaral, Toninho, Oscar, Edinho, Cerezo (Dirceu), Zico, Rivelino, Gil (Nelinho), Reinaldo, Batista

Torschütze: Reinaldo

Zuschauer: 38.000

7. Juni, Mar del Plata Stadion, Mar de Plata

Brasilien – Spanien 0:0

Brasilien: Leão; Nelinho (Gil), Oscar, Amaral, Edinho, Cerezo, Batista, Dirceu, Zico (Mendonça), Toninho, Reinaldo

Zuschauer: 40.000

11. Juni, Mar del Plata Stadion, Mar de Plata

Brasilien – Österreich 1:0 (1:0)

Brasilien: Leão; Toninho, Oscar, Amaral, Rodrigues Neto, Cerezo (Chicáo), Batista, Dirceu, Mendonça (Zico), Gil, Roberto

Torschütze: Roberto

Zuschauer: 40.000

Finalrunde – Gruppe B

14. Juni, Mendozastadion, Mendoza

Brasilien – Peru 3:0 (2:0)

Brasilien: Leão; Toninho, Oscar, Amaral, Rodrigues Neto, Batista, Cerezo (Chicáo), Dirceu, Mendonça, Gil (Zico), Roberto

Torschützen: Dirceu 2, Zico (Elfm.)

Zuschauer: 40.000

18. Juni, New Rosario-Stadion, Rosario

Argentinien – Brasilien 0:0

Brasilien: Leão; Toninho, Oscar, Amaral, Rodrigues Neto (Edinho), Chicáo, Batista, Dirceu, Mendonça (Zico), Gil, Roberto

Zuschauer: 46.000

21. Juni, Mendozastadion, Mendoza

Brasilien – Polen 3:1 (1:1)

Brasilien: Leão; Toninho, Oscar, Amaral, Nelinho, Batista, Cerezo (Rivelino), Dirceu, Gil, Roberto, Zico (Mendonça)

Torschützen: Nelinho, Roberto (2)

Zuschauer: 44.000

Spiel um den 3. Platz
24. Juni, River Plate Stadion, Buenos Aires

Brasilien – Italien 2:1 (0:1)

Brasilien: Leão; Nelinho, Oscar, Amaral, Rodrigues Neto, Cerezo (Rivelino), Batista, Dirceu, Gil (Reinaldo), Roberto, Mendonça
Torschützen: Nelinho, Dirceu
Zuschauer: 76.609

WM 1982

Gruppe 6
14. Juni, Sánchez Pizjuán Stadion, Sevilla

Brasilien – UdSSR 2:1 (0:1)

Brasilien: Valdir Peres; Leandro, Oscar, Luisinho, Junior, Socrates, Dirceu (Paulo Isidoro), Zico, Falcão, Serginho, Eder
Torschütze: Socrates, Eder
Zuschauer: 68.000

18. Juni, Benito Villamarin Stadion, Sevilla

Brasilien – Schottland 4:1 (1:1)

Brasilien: Valdir Peres; Leandro, Oscar, Luisinho, Junior, Falcão, Cerezo, Zico, Socrates, Eder, Serginho (Paulo Isidoro)
Torschützen: Zico, Oscar, Eder, Falcão
Zuschauer: 47.379

23. Juni, Benito Villamarin Stadion, Sevilla

Brasilien – Neuseeland 4:0 (2:0)

Brasilien: Valdir Peres; Leandro, Oscar (Edinho), Luisinho, Junior, Falcão, Cerezo, Socrates, Zico, Serginho (Paulo Isidoro), Eder
Torschützen: Zico (2), Falcão, Serginho
Zuschauer: 43.000

Finalrunde – Gruppe C
2. Juli, Sarriastadion, Barcelona

Brasilien – Argentinien 3:1 (1:0)

Brasilien: Valdir Peres; Leandro (Edevaldo), Oscar, Luisinho, Junior, Cerezo, Zico (Batista), Falcão, Serginho, Socrates, Eder
Torschützen: Zico, Serginho, Junior
Zuschauer: 44.000

5. Juli, Sarriastadion, Barcelona

Italien – Brasilien 3:2 (2:1)

Brasilien: Valdir Peres; Leandro, Oscar, Luisinho, Junior, Cerezo, Socrates, Zico, Falcão, Serginho (Paulo Isidoro), Eder
Torschützen: Socrates, Falcão
Zuschauer: 44.000

WM 1986

Gruppe D
1. Juni, Jaliscostadion, Guadalajara

Brasilien – Spanien 1:0 (0:0)

Brasilien: Carlos; Branco, Edinho, Julio Cesar, Edson, Junior (Falcão), Socrates, Alemão, Elzo, Casagrande (Müller), Careca
Torschütze: Socrates
Zuschauer: 35.748

6. Juni, Jaliscostadion, Guadalajara

Brasilien – Algerien 1:0 (0:0)

Brasilien: Carlos; Edson (Falcão), Julio Cesar, Edinho, Branco, Junior, Alemão, Elzo, Socrates, Careca, Casagrande (Müller)
Torschütze: Careca
Zuschauer: 48.000

12. Juni, Jaliscostadion, Guadalajara

Brasilien – Nordirland 3:0 (2:0)

Brasilien: Carlos; Edinho, Josimar, Julio Cesar, Branco, Elzo, Alemão, Junior, Socrates (Zico), Müller (Casagrande), Careca
Torschützen: Careca (2), Josimar
Zuschauer: 51.000

Achtelfinale

16. Juni, Jaliscostadion, Guadalajara

Brasilien – Polen 4:0 (1:0)

Brasilien: Carlos; Josimar, Julio Cesar, Edinho, Branco, Elzo, Alemão, Socrates (Zico), Junior, Careca, Müller (Silas)
Torschützen: Socrates (Elfm.), Josimar, Edinho, Careca (Elfm.)
Zuschauer: 45.000

Viertelfinale

21. Juni, Jaliscostadion, Guadalajara

Frankreich – Brasilien 4:3 n.E. (1 : 1 n.V.; 1 : 1; 1 : 1)

Brasilien: Carlos; Josimar, Julio Cesar, Edinho, Branco, Alemão, Socrates, Junior (Silas), Elzo, Müller (Zico), Careca
Torschützen: Careca, im Elfmeterschießen: Alemão, Zico, Branco
Zuschauer: 65.777

WM 1990

Gruppe C

10. Juni, Stadio Delle Alpi, Turin

Brasilien – Schweden 2:1 (1:0)

Brasilien: Taffarel; Jorginho, Ricardo Gomes, Branco, Mozer, Galvão, Dunga, Alemão, Valdo (Silas), Careca, Müller
Torschütze: Careca (2)
Zuschauer: 62.628

16. Juni, Stadio Delle Alpi, Turin

Brasilien – Costa Rica 1:0 (1:0)

Brasilien: Taffarel; Jorginho, Ricardo Gomes, Branco, Mozer, Galvão, Dunga, Alemão, Valdo (Silas), Careca (Bebeto), Müller
Torschütze: Müller
Zuschauer: 58.007

20. Juni, Stadio Delle Alpi, Turin

Brasilien – Schottland 1:0 (0:0)

Brasilien: Taffarel; Jorginho, Ricardo Gomes, Branco, Rocha, Galvão, Dunga, Alemão, Valdo, Careca, Romario (Müller)
Torschütze: Müller
Zuschauer: 62.502

Achtelfinale

24. Juni, Stadio Delle Alpi, Turin

Argentinien – Brasilien 1:0 (0:0)

Brasilien: Taffarel; Galvão (Renato), Ricardo Gomes, Rocha, Jorginho, Valdo, Dunga, Alemão (Silas), Branco, Careca, Müller
Zuschauer: 61.381

WM 1994

Gruppe B

20. Juni, Stanford Stadium, Palo Alto

Brasilien – Rußland 2:0 (1:0)

Brasilien: Taffarel; Jorginho, Marcio Santos, Ricardo Rocha (Aldair), Leonardo; Mauro Silva, Rai, Dunga (Mazinho), Zinho; Bebeto, Romario
Torschützen: Romario, Rai (Elfm.)
Zuschauer: 81.061

24. Juni, Stanford Stadium, Palo Alto

Brasilien – Kamerun 3:0 (1:0)

Brasilien: Taffarel; Jorginho, Aldair, Mauro Silva, Leonardo; Marcio Santos, Rai (Müller), Dunga, Zinho (Paulo Sergio); Bebeto, Romario
Torschützen: Romario, Marcio Santos, Bebeto
Zuschauer: 83.401

28. Juni, Silverdome, Detroit

Brasilien – Schweden 1:1 (0:1)

Brasilien: Taffarel; Jorginho, Aldair, Marcio Santos, Leonardo; Rai (Paulo Sergio), Dunga, Mauro Silva (Mazinho), Zinho; Bebeto, Romario
Torschütze: Romario
Zuschauer: 77.217

Achtelfinale

4. Juli, Stanford Stadium, Palo Alto

Brasilien – USA 1:0 (0:0)

Brasilien: Taffarel; Jorginho, Aldair, Marcio Santos, Leonardo; Mazinho, Dunga, Mauro Silva, Zinho (Cafu); Bebeto, Romario
Torschütze: Bebeto
Zuschauer: 84.147

Viertelfinale

9. Juli, Cotton Bowl, Dallas

Holland – Brasilien 2:3 (0:0)

Brasilien: Taffarel; Jorginho, Aldair, Marcio Santos, Branco (Cafu); Mazinho (Rai), Mauro Silva, Dunga, Zinho; Bebeto, Romario
Torschützen: Romario, Bebeto, Branco
Zuschauer: 67.700

Halbfinale

13. Juli, Rose Bowl, Pasadena

Schweden – Brasilien 0:1 (0:0)

Brasilien: Taffarel; Jorginho, Marcio Santos, Aldair, Branco; Mazinho (Rai), Dunga, Mauro Silva, Zinho; Romario, Bebeto
Torschütze: Romario
Zuschauer: 84.569

Finale

17. Juli, Rose Bowl, Pasadena

Brasilien – Italien 3:2 n.E. (0 : 0 n.V.; 0 : 0, 0 : 0)

Brasilien: Taffarel; Aldair, Marcio Santos, Mauro Silva; Jorginho (21. Cafu), Dunga, Branco, Mazinho, Zinho (106. Viola); Bebeto, Romario
Torschützen: Romario, Branco, Dunga (im Elfmeterschießen)
Zuschauer: 94.949

TOP 20 DER WM-EINSÄTZE

Nilton Santos	16	1950*, 1954, 1958, 1962
Didi	16	1954, 1958, 1962
Pelé	15	1958, 1962, 1966, 1970
Jairzinho	15	1966, 1970, 1974
Rivelino	14	1970, 1974, 1978
Leão	14	1970*, 1974, 1978
Zico	14	1978, 1982, 1986
Gilmar	14	1958, 1962, 1966
Garrincha	13	1958, 1962, 1966
Djalma Santos	12	1954, 1958, 1962, 1966
Dirceu	12	1974, 1978, 1982
Oscar	12	1978, 1982
Zagalo	12	1958, 1962
Branco	11	1986, 1990, 1994
Zito	11	1958, 1962
Müller	10	1986, 1990, 1994
Taffarel	10	1986*, 1990, 1994
Junior	10	1978, 1982, 1986
Vavá	10	1958, 1962
Socrates	10	1982, 1986
Jorginho	10	1990. 1994
Dunga	10	1990, 1994

(* lediglich Reservist, ohne Einsatz)

TOP 20 DER WM-TORSCHÜTZEN

Pelé	12	
Vavá	9	
Leônidas	9	1934, 1938
Ademir Menezes	9	1950
Jairzinho	9	
Rivelino	6	
Careca	6	1986, 1990
Zico	5	
Garrincha	5	
Romário	5	
Chico	4	1950
Baltazar	3	1950
Socrates	3	
Falcão	3	1982, 1986
Bebeto	3	1990, 1994
Roberto Dinamite	3	1978
Dirceu	3	
Tostão	3	1966, 1970
Didi	3	
Amarildo	3	1962
Preguinho	3	1930
Jair	3	1950

TOP 50 DER BRASILIANISCHEN NATIONALSPIELER*

Taffarel	105	Oscar	59
Dunga	104	Sócrates	59
Djalma Santos	100	Paulo Cesar Lima	59
Gilmar	95	Carlos Alberto Torres	58
Rivelino	94	Toninho Cerezo	58
Pelé	92	Müller	55
Bebeto	92	Zinho	55
Jairzinho	87	Tostão	55
Gerson	83	Ricardo Rocha	54
Jorginho	82	Piazza	53
Leão	80	Zizinho	53
Junior	78	Batista	53
Zico	78	Eder	52
Aldair	75	Bellini	51
Nilton Santos	75	Flávio Conceição	50
Cafú	73	Garrincha	50
Branco	71	Márcio Santos	48
Romário	69	Raí	48
Didi	68	Zé Maria	48
Edinho	67	Ricardo Gomes	48
Roberto Carlos	66	Ronaldo	47
Mauro Silva	60	Leonardo	47
Careca	59	Brito	46
Valdo	59	Zito	45
Carlos	59	Juninho	44

Quelle: Fußball-Fachzeitschrift »Placar«, São Paulo

(* Zu berücksichtigen ist, daß in Brasilien keine Statistik ausschließlich über die Einsätze in der A-Auswahl geführt wird, sondern stets die Spiele in den Olympia-Mannschaften einbezogen werden; daher auch die hohe Anzahl z. B. bei Roberto Carlos.)

TOP 20 DER LÄNDERSPIEL-TORSCHÜTZEN

Pelé	74	Rivelino	26
Romário	53	Gerson	23
Zico	53	Socrates	22
Bebeto	48	Serginho	22
Jairzinho	38	Leônidas	21
Ronaldo	33	Jair Rosa Pinto	20
Tostão	32	Didi	20
Ademir Menezes	31	Roberto Dinamite	19
Zizinho	30	Pepe	17
Careca	29	Sávio	17

Quelle: »Placar«

BRASILIANER IN DER 1. BUNDESLIGA

Arilson, Gilberto da Costa	1995/96	1. FC Kaiserslautern
Baiano, Junior	1995/96	Werder Bremen
Bernardo, Fernando da Silva	1991/92	Bayern München
»Buca«, Waldomiro Azambuco Pacheco	1979/80	Hamburger SV
Cesar Silva, Julio	seit 1994	Borussia Dortmund
Chagas, Rodrigo	1995/96	Bayer Leverkusen
»Chiquinho«, Alexandre Silva	seit 1997	Borussia Mönchengladbach
»Dunga«, Carlos Caetano Bledorn Verri	1993–95	VfB Stuttgart
Elber, Giovane	1994–97	VfB Stuttgart
	seit 1997	Bayern München
Emerson, Luis Firmino	1991/92	Hamburger SV
	1996/97	FC St. Pauli
Emerson, Ferreira da Rosa	seit 1997	Bayer Leverkusen
Emilio, Luciano	seit 1997	1. FC Köln
»Franklin«, Spencer Bitencourt	1993/94	VfB Leipzig
Hubner, Ramon	1995/96	Bayer Leverkusen
»Jorginho«, Jorge de Amorim Campos	1989–92	Bayer Leverkusen
	1992–95	Bayern München
Manzi, Leonardo	1989–91	
	1995/96	FC St. Pauli
Martins, Luciano Luis Turconi	1987/88	FC Homburg
»Mazinho«, Waldemar Aureliano	1991–93	
de Oliveira Filho	1994/95	Bayern München
»Nando«, Fernando Pereiro Pinho	1989–92	Hamburger SV
»Paulo Sergio«, Silvestre	1993–97	Bayer Leverkusen
»Ratinho«, Everson Rodrigues	seit 1997	1. FC Kaiserslautern
Rink, Paulo Roberto	seit 1997	Bayer Leverkusen
Silva, Geovani	1990/91	Karlsruher SC
da Silva, Alessandro	1992/93	Eintracht Frankfurt
Tagliari, Raoul-Eduardo	1964–66	MSV Duisburg
»Zé Elias«, Jose Elias Moedim	1996/97	Bayer Leverkusen
»Zezé«, Jose Gilson Rodriguez	1964/65	1. FC Köln